教改探索

电子科技大学
研究生精品课程建设优秀案例汇编

DIANZI KEJI DAXUE
YANJIUSHENG JINGPIN
KECHENG JIANSHE
YOUXIU ANLI HUIBIAN

兰中文　田　蜜　主编

电子科技大学出版社
University of Electronic Science and Technology of China Press

·成都·

图书在版编目(CIP)数据

电子科技大学研究生精品课程建设优秀案例汇编/兰中文，田蜜主编. — 成都：电子科技大学出版社，2023.3
ISBN 978-7-5647-9494-1

Ⅰ.①电… Ⅱ.①兰…②田… Ⅲ.①课程建设—教学研究—研究生教育 Ⅳ.①G643

中国版本图书馆CIP数据核字（2022）第072067号

电子科技大学研究生精品课程建设优秀案例汇编
兰中文　田　蜜　主编

策划编辑	葛　晋　魏　彬
责任编辑	魏　彬　刘　凡

出版发行　电子科技大学出版社
　　　　　成都市一环路东一段159号电子信息产业大厦九楼　邮编　610051
主　　页　www.uestcp.com.cn
服务电话　028-83203399
邮购电话　028-83201495

印　　刷　成都市火炬印务有限公司
成品尺寸　185mm×260mm
印　　张　12.5
字　　数　305千字
版　　次　2023年3月第1版
印　　次　2023年3月第1次印刷
书　　号　ISBN 978-7-5647-9494-1
定　　价　58.00元

版权所有　侵权必究

编 委 会

主　编：兰中文　田　蜜

副主编：陈　伟　苟　灵　张世霖

编　委：胡皓全　罗光春　杨　敏　匡鹏举　刘雨萌

　　　　巴　玫　王晓刚　陈心洁　何　乔　罗　莎

　　　　许莹莹　钱俊衡　张诗晗　李湘叶　栾琪峰

　　　　王　旭　何芷青　何雨婷　李书洋　韩孟涛

　　　　林逸凡　吴小平

前　言

　　研究生教育作为国民教育序列的顶端，是国家人才竞争和科技竞争的重要支柱，是人才培养与科学研究的汇聚点，是国家创新发展战略的重要支撑。研究生教育决定了一所学校人才培养的高度和水平，在世界一流大学的建设征程中，一流的研究生教育是必需的、不能缺席的！而课程教学是我国学位与研究生教育制度的重要特征，是保障研究生培养质量的必备环节，是研究生夯实宽广扎实的理论基础和掌握系统深入的专门知识的必然途径，在高层次人才培养中发挥着基础性先导性作用。

　　电子科技大学（简称"学校"）始终高度重视研究生人才培养工作，持续深化研究生教育改革，切实提高研究生课程教学水平，自2018年起全面启动了研究生精品课程建设专项计划，以公共基础课和各一级学科（类别）专业课为重点，充分结合国务院学位委员会学科评议组和全国专业学位研究生教育指导委员会编写的《研究生核心课程指南》，整体规划、分步实施，至2020年，经学院推荐、学校专家评审、研教指委审议通过，学校已立项了三批"精品课程"。经过三年的设计与实践，学校逐步构建起"'研'字当头，'金'在其中"的具有"成电特色"的研究生精品课程体系。

　　学校以国内外一流大学与一流学科为参照，不断优化研究生课程体系，实现课程教学更加科学化、规范化；大力推进思政课程与课程思政同向同行，形成协同效应，实现价值引领与知识传授、能力提升、素质养成的有机融合；培养出一批师德师风高尚、学术造诣高、结构合理的高水平研究生教学骨干团队，重点建设了一批与培养创新精神和实践能力相适应、富有特色和示范效应的研究生精品课程，提高了课程的强度、深度、难度与研究性，逐步构建起多样化与专门化、基础性与前沿性、理论性与应用性相结合的研究生课程体系，为培育引领未来学术前沿、经济社会发展和国防建设的创新领军人才奠定了基础。

　　为更好凝炼精品课程建设中的先进理念和优秀经验，充分发挥精品课程的标杆示范作用，研究生院汇集了精品课程建设中涌现出的一批优秀教改案例，分享这些精品课程基于"价值塑造、能力培养、知识传授"三位一体的教育理念，从课程目标与定位、课程内容、教学和考核方式、课程特色和成效等方面总结梳理其经验心得，与学校及兄弟高校的师生共享。我们相信，有学校和各培养单位的大力支持，有广大教师积极投身研究生课程改革与实践的热情动力，学校研究生课程育人成效定能再提高再深化，学校高层次创新领军人才培养质量将再上新台阶。我们期待通过持续深化研究生课程改革，不断提高研究生培养质量，从而更好服务国家和地方经济社会发展需求，为学校中国特色世界一流大学建设做出应有的贡献。

编 者

2022年6月

目　录

专利保护："创新驱动"的"催化剂"
　　——记信息与通信工程学院"专利挖掘与文件撰写"课程的教学改革探索 ………… 1

以"学"为核心，从"教"转向"学"
　　——记信息与通信工程学院"数字信号处理"课程的教学改革探索 ……………… 6

激发学生理解通信的本质
　　——记信息与通信工程学院"信息论"课程的教学改革探索 …………………… 10

引导学生"知之""善之""乐之"
　　——记信息与通信工程学院"软件无线电系统的设计与验证"课程的教学改革探索 15

"2W3H"教学法：引导研究生分层次创新学习
　　——记电子科学与工程学院"无线系统的微波与射频设计"课程的教学改革探索 … 20

传承为师之道 引导学生探索电磁波的秘密
　　——记电子科学与工程学院"导波场论"课程的教学改革探索 ………………… 27

打好自主学习与互动研讨的两张教学牌
　　——记电子科学与工程学院"模拟集成电路分析与设计"课程的教学改革探索 …… 31

把讲台"让"给学生
　　——记材料与能源学院"高等固体物理"课程的教学改革探索 ………………… 36

课程高阶化 让学生"研"起来
　　——记机械与电气工程学院"振动理论与声学原理"课程的教学改革探索 ……… 41

小班研究型教学模式引领学生学深悟透
　　——记光电科学与工程学院"半导体光电子学"课程的教学改革探索 ………… 46

提升学生创新实践能力
　　——记自动化工程学院在电子信息类研究生综合实践平台开发与教学设计方面的
　　　　教学改革探索 …………………………………………………………………… 51

服务智能制造，培养创新人才
　　——记自动化工程学院"机器学习"课程的教学改革探索 ……………………… 58

不断"加餐",引导学生自由汲取学术"营养"
　　——记资源与环境学院"遥感图像处理"课程的教学改革探索……………64

算法的精义是"无招胜有招"
　　——记计算机科学与工程学院"算法设计与分析"课程的教学改革探索……69

练好程序员的"内功"
　　——记信息与软件工程学院"算法设计与分析"课程的教学改革探索………74

项目驱动让课程学习"研"起来
　　——记信息与软件工程学院"数据分析与数据挖掘"课程的教学改革探索…79

从一面到一体,走出"盲人摸象"的误区
　　——记航空航天学院"系统工程与理论方法"课程的教学改革探索…………85

把课程变成学生的科研选题
　　——记航空航天学院"任务载荷数据融合理论及应用"课程的教学改革探索…90

让数学更有"温度"
　　——记数学科学学院"矩阵理论"课程的教学改革探索………………………97

三代人薪火传承,演绎一门精彩课程
　　——记数学科学学院"图论及其应用"课程的教学改革探索 ………………101

打通学习电磁场理论的"任督二脉"
　　——记物理学院"高等电磁场理论"课程的教学改革探索…………………106

把"平行线"变成"同心圆"
　　——记物理学院基于项目的研究生创新培养计划"电磁器件智能设计能力提升计划项目"
　　……………………………………………………………………………………111

在案例沉浸式教学中GET数据分析新方法
　　——记经济与管理学院"数据分析与决策"课程的教学改革探索…………117

把知识产权意识种进学生心田
　　——记经济与管理学院"知识产权与信息检索"课程的教学改革探索……121

沉浸式案例教学,打造学习型课堂
　　——记经济与管理学院"风险投资与创业融资"课程的教学改革探索……125

别样精彩!导一部连接大洋彼岸的"教学电影"
　　——记经济与管理学院"品牌管理"课程的教学改革探索…………………129

让学生掌握揭开社会奥秘的钥匙
　　——记公共管理学院"社会科学研究方法"课程的教学改革探索…………134

认识先贤智慧　传承文化魅力
　　——外国语学院"中国语言文化"课程的教学改革探索实践………………140

在严谨与活泼的碰撞中感受翻译之美
　　——记外国语学院"翻译概论"课程的教学改革探索 …………… 144
围"桌"夜话 语述"汉外"
　　——记外国语学院"汉外语言对比研究"课程的教学改革探索 …… 148
用生动的"语言"讲好中国故事
　　——记外国语学院"语言学通论"课程的教学改革探索 ………… 153
把每一次课堂答辩当成毕业论文答辩
　　——记外国语学院"翻译类论文写作"课程的教学改革探索 …… 157
让中国马克思主义成为学子的理论自觉
　　——记马克思主义学院"中国马克思主义与当代"课程的教学改革探索 ……… 163
看！这堂开公众号、做科普的思政课
　　——马克思主义学院"自然辩证法概论"课程的教学改革探索 …… 168
把思政课讲到学生心坎里
　　——记马克思主义学院"中国特色社会主义理论与实践研究"课程的教学改革探索
　　……………………………………………………………………… 174
越是"众声喧哗"，越要唱响"主旋律"
　　——记马克思主义学院"中国社会思潮研究"课程的教学改革探索 …… 178
把"学习"变"研究"，让"学生"当"学者"
　　——记通信抗干扰技术国家级重点实验室"先进计算机网络技术"课程的教学改革探索
　　……………………………………………………………………… 183

专利保护:"创新驱动"的"催化剂"
——记信息与通信工程学院"专利挖掘与文件撰写"课程的教学改革探索

1999年11月14日,深圳市朗科科技有限公司申请了U盘发明专利权,有效期长达20年。2019年11月14日,在U盘专利有效期的最后一天,U盘专利问题成为信息与通信工程学院陈祝明教授(见图1)在研究生通识课程"专利挖掘与文件撰写"的最后一堂课所讲案例,为该门课程本学期的教学画上了圆满句号。

引入当今IT领域的热点专利案例,结合国家电子信息产业的快速发展历程,通过一个个生动的故事,让研究生明白专利保护对创新发明的重要催化作用,并掌握申请专利保护的规则、方法、技巧,是陈祝明开设这门课的初衷,也是他的教学秘诀所在。

图1 陈祝明教授

开课初衷:"让学生具备保护专利的意识和方法!"

在开设这门课程之前,陈祝明已经在专利写作方面对自己的学生进行了诸多指导。渐渐地,他发现大多数学生的专利写作十分不规范,专利意识十分淡薄,不明白专利保护的意义,往往只从科研成果转换的角度理解专利,而在法律层面,对专利保护几乎一无所知。

党的十九大召开以后，国家知识产权局按照十九大报告提出的"倡导创新文化，强化知识产权创造、保护、运用"要求，提出要"深入实施专利质量提升工程，大力培育高价值核心专利，努力推动知识产权创造由多向优、由大到强转变"。

显然，对标对表，学生专利意识薄弱的情况，与党和国家的期望和相关要求存在很大的差距。有感于此，2018年9月，陈祝明和高级工程师保骏老师正式筹备开设了"专利挖掘与文件撰写"课程，各自负责一个班的教学工作。

该课程结合学校专业的总体方向，在教学内容的设计上，共划分成七个板块，分别是：专利的起源与发展、专利的概念与类型、专利挖掘的常规方法与步骤、IT领域的专利挖掘、专利说明书的撰写、权利要求书的撰写、发明专利的审查与答复。

陈祝明希望通过该课程，在讲授专利挖掘方法和专利文件撰写规范的同时，加强"课程思政"建设，让学生们了解更多的企业专利保护策略与方法，为国家、企业培养更多具有知识产权意识和专利工作能力的高级IT人才，为我国实施创新驱动发展战略添砖加瓦。

2018年9月，"专利挖掘与文件撰写"正式开课。在选课阶段，陈祝明没有把可选课人数设得过高，而是不多不少的85人。毕竟，对于这样一门从未开设过的课程，学生们是否愿意选，陈祝明此时还并不了解。令他感到意外的是，开放选课的第一周，选课人数就超过了限定人数。他甚至有些懊悔，当初是不是应该开放更多选课名额呢？

激发兴趣：传奇专利故事激发学生的好奇心

为了不辜负学生对课程的热切期待，他和保骏老师在课程内容的安排上花了许多心思，做了精美的设计。该课程最显著的特色，就是课程内容与电子科技大学学科专业充分结合，围绕"电子信息+"领域和我国IT产业发展历程展开讲解，将"课程思政"的内容有机地融入专利案例中。

第一节课是该课程与学生的第一次会面。为了激发学生的兴趣，陈祝明引用了专利史上的许多重要案例和趣味故事，娓娓道来，把专利课讲得犹如评书一样精彩。他从学生们近期最为关注的"中美贸易战""301措施"和"337调查"引入，介绍了一生拥有355项专利的诺贝尔将全部遗产捐献设立"诺贝尔奖"的故事，以及通信业最"拉仇恨"且被称为"专利流氓"的高通公司。

1421年意大利授予著名科学家伽利略发明的"扬水灌溉机"20年的专利权，1474年3月19日世界上第一部专利法《发明人法规》诞生，1624年英国的《垄断法》实施被公认为现代专利法的鼻祖，美国总统林肯发明了碳酸钾的制备方法并成为唯一获得过专利的美国总统，甚至"猫王"迈克尔·杰克逊等娱乐明星都拥有自己的专利。这一系列故事，让学生们惊叹："哇哦，竟然有这样的事！"

结合历次工业革命的历史，陈祝明阐释了专利保护制度如何激发了全社会的发明创造热情，并"催化"了历次工业革命高歌猛进，诞生了爱迪生、莱特兄弟等一系列传奇发明人，尤其是取得第一张无线电专利证的伽利尔摩·马可尼、获得电子倍增放大电器专利的威廉·肖克利、发明集成电路的杰克·基尔比，以及人们耳熟能详的史蒂夫·乔布斯等人物，如何为电子信息技术和产业的发展作出了重要贡献。

为了进一步调动学生们的好奇心和参与感，课程还设置了课堂讨论环节，让学生们评选和分享各自心目中的"人类历史上最伟大的发明专利"和"中国历史上最伟大的发明专利"，介绍"我的发明专利"，讨论专利、标准、品牌的相互关系。作为拓展，他还详细讲述了"现代爱迪生"迪恩·卡门的传奇经历，鼓励学生们"发明无止境，只要肯攀登"。

贴近专业：围绕"电子信息+"阐释专利保护的实用性

专利制度可以有效地保护发明创造，使发明人在一定期限内享有专利独占权，并以法律形式保护其财产权；可以激发公民、法人进行发明创造的积极性，促进国家科学技术的迅速发展；有利于发明创造的推广应用，促进先进的科学技术尽快转化为生产力；还可以促进发明技术向全社会的公开与传播，避免对相同技术的重复研究开发，有利于促进科学技术的高效持续发展（见图2）。

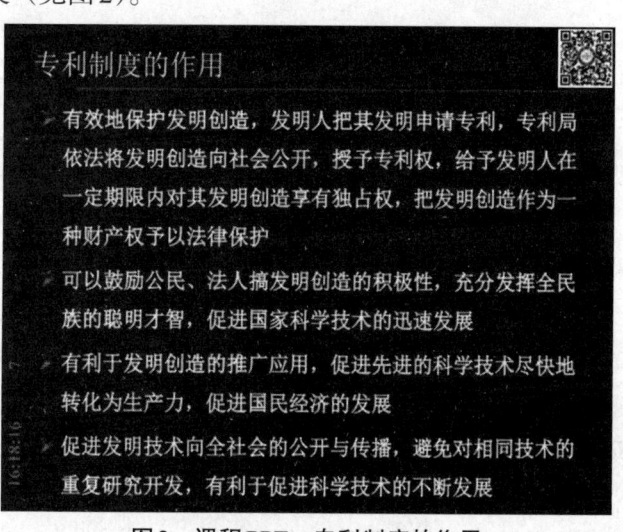

图2　课程PPT：专利制度的作用

专利作为知识产权体系中的重要组成部分，包含发明专利权、实用新型权、外观设计权三大类别，每个类别都有几百年的发展历史和丰富的内容。因此，讲课时如何取舍内容，也是一门学问。陈祝明的选择是"弱水三千，只取一瓢"，这一"瓢"，就是与电子科技大学的学科专业紧密相关的"电子信息+"领域的"发明专利权"。

在讲课中，课程组的老师们并不是"从理论到理论"地对《中华人民共和国专利法》的具体条目进行条分缕析的解读，而是引用了IT领域的大量专利案例，如多视点视频编码创新点的专利挖掘、集成电路的专利挖掘途径以及涉及计算机程序的专利挖掘等，将学生们所学专业知识和我国IT产业的发展壮大过程结合在一起，让学生们在一个个具体案例中感受和理解专利保护的原则以及专利挖掘的方法。

在讲到TRIZ理论创始人阿奇·舒勒提出的最重要的、具有广泛用途的40个发明原理时，陈祝明选择了大量生活中常见的事物进行剖析。如为了使学生充分理解"逆向思维"这一发明原理，他介绍了学校的"翻转课堂"这一教学形式；在谈到"改变颜色"原理时，他介绍了校园内随处可见的"共享单车"案例；讲到"自服务"原理时，又延伸到生活中越来越常见的"扫地机器人"；谈到"模拟复制"原理时，则对图书馆里配备的VR设备的原理进行了分析。

老师的讲解通俗易懂，学生们也听得津津有味。因此，"专利挖掘与文件撰写"这门课还吸引了不少"回头客"。去年，研一的杨佳雨学生就选过这门课，但对他来说，上完20学时的课程似乎还不够尽兴。因此，今年开学他立马申请成为陈祝明教授的助教。他说："我想再重新听一次陈老师的课，也帮老师做一些力所能及的工作。"

回顾上课的收获，杨佳雨表示："通过学习专利挖掘，我学会了如何从现有工作中发掘新的创新点，其中TRIZ理论让我学到了很多优秀的创新思维模式，陈老师还详细讲解了专利挖掘的整个流程、撰写时的注意事项以及专利申请的流程。这些对于我们以后申请专利有很大的帮助。"

人气爆棚：小班教学亟待更多教师加入课程组

陈祝明对这门课程的期望值很高，他希望学生们能够从中实实在在地学到东西。但是，一个学期下来，他发现，一个85人的班级的教学工作量远远超出了任课老师和助教的负荷，也会使授课效果大打折扣。尤其是，当他提高对课程质量的要求之后，需要为每一份作业的指导付出更多的精力。

为了促进学生掌握和应用所学的专利挖掘知识，陈祝明要求学生们根据自己导师团队的研究方向撰写一份专利查新报告。别小看这份报告，它需要查询的信息量可不小，除了需要梳理团队内部所有相关方向的专利外，还要对类似观点的专利进行不同数据库的全方位搜索。通过撰写这份报告，学生可以对所查专利的创新性掌握七八分。对于选择考核方式为考试的学生，陈祝明还要求每人在期末时提交一份专利说明书。

然而，对于任课老师来说，认真审阅这些涉及学校各个专业的专利查新报告和专利说明书绝非易事。除了检查报告的内容与撰写逻辑之外，陈祝明教授发现，学生书写格式不规范的问题较为普遍，因此，他必须十分认真仔细地修改作业。而越是仔细，就越是感到"有点顾不过来了"。

此外，还有个问题一直萦绕在他的心头：每个班85人的规模，完全无法达到他理想的小班教学效果。"专利挖掘与文件撰写"是一门包含较多案例的"课程思政"通识课，需要学生在课堂上进行大量的讨论和互动。然而，如果人数过多，讨论的效果就无法保证。

因此，在第一学期结课后，陈祝明教授与保骏老师经过认真商讨，决定把各自的选课人数缩减为50人，每学期各开设一次。2019年，该课程再次开课，选课人数依然爆满。预料之中的是，在仅有50人的课堂上，小班教学的效果得到了显著提升（见图3），老师们在批改作业时也更加得心应手。

图3 "专利挖掘与文件撰写"课堂教学

今年开设的"专利挖掘与文件写作"课程已经全部结束，陈祝明准备对课件内的案例再次进行更新。对于现在的教学效果，陈祝明已相当满意，如果说有遗憾之处，那就是课程组老师过少。他表示，"欢迎更多的老师加入'专利挖掘与文件撰写'课程组！"

作者：王晓刚　余霞　苟灵

原载于2019年12月8日电子科技大学新闻网，有删改

以"学"为核心,从"教"转向"学"
——记信息与通信工程学院"数字信号处理"课程的教学改革探索

"将连续的事物转变为一串数字信号,并用计算的方法从中提取有用的信息,以满足实际应用需求。"这是"数字信号处理"课程期望学生掌握的核心能力。但如何让学生掌握这种能力呢?要在教学实践中很好地回答这个问题,并非易事。

自2015年开始为研究生讲授"数字信号处理"课程以来,信息与通信工程学院武畅副教授一直在坚持探索实践,他找到的答案是:"把课堂教学的中心从'教'向'学'转变,提升学生的自学能力,让学生不教也能会!"(见图1)

图1 武畅副教授指导学生实验

直击"痛点":传统教学方式存在诸多不足

"数字信号处理"课程是电子通信大类的基础学位课程,其主要内容包括信号的数字处理在时域、变换域的描述,及其相互变换的基本理论和基本算法实现,并讨论以数字滤波器为代表的数字系统的各种特性描述间的数学概念、物理概念与工程概念。

这门课程在研究生的学习中起着承上启下的作用，是将理论基础向工程应用延伸的桥梁和枢纽。有这门课程作铺垫、打基础，学生可以向更多更广泛的专业研究领域和工程应用领域进军。然而，如何通过高效的教学，使学生切实掌握这门课程的精髓呢？

武畅认为，这门课程的教学中曾存在五个突出问题：

其一是课堂教学中由于生师比较大，且教学方式比较传统，因此以"教"为核心的惯性很大，师生之间的互动交流严重不足。

其二是学生的"学"从属于教师的"教"，老师在课堂上教什么、教多少，学生就在课堂上学什么、学多少，课堂学习的过程无法很好地扩展到学生的课后学习过程。

其三是学生中"唯分数"论的观念根深蒂固，普遍认为分数是衡量和比较一门课程学习水平和掌握程度的标准，这就导致学生为考试而学习，追求高分数而不重视实际能力的提升。

其四是学生缺乏自主型学习和研究型学习，学生之间的思想交流和观点碰撞太少，互相学习、互相促进的比例不够高，学习氛围不够浓。

其五是学生长期受限于对知识点的学习，习惯于"刷题"而不习惯解决实际问题，即便涉及具体问题，解决方法也更侧重于理论分析而忽略了实际动手能力，工程素养提高有限。

针对这些问题，武畅对症下药，进行了针对性的思考和改革，从教师的"教"、学生的"学"以及对学生的考评等多个环节进行了重构，其核心理念就是推动课堂教学从"教"向"学"转变。（见图2）

图2　学生们进行实验

系统重构：课堂中心从"教"向"学"转变

课堂的转变，是从老师的授课方式等各个环节全面进行，通过系统性的教学方式重构，引导学生转变"为考试而学习"的观念，更注重学习能力的获取及对知识的灵活运用。

信号的采样与恢复是数字信号处理的重要环节，也是现代信号处理的基础，通过它可以实现模拟信号和数字信号之间的转换。在讲解这部分内容时，武畅改变了传统的公式推导验证方式，脱开公式，从信号采样和恢复的基本思想出发，让学生理解其基本原理。通过最基础的抽象简化和具象化思维，他让学生了解了采样和恢复的基本逻辑，在此基础上再学习相关的公式和推导过程，让学生们的理解更加容易，也更加深入。

"奈奎斯特采样定理"是信号的采样问题中的一个著名定理。在讲解这个定理时，武畅没有从传统的时频域公式来推导得出结论，而是根据"复杂信号可以分解为正余弦信号的组合，而正余弦信号又可以简化为一个周期内的两个特征点进行描述"的思路，不用公式推导，就从逻辑上说明了这个定理。

在这部分内容的学习中，他让学生组成3个小组。学生需要在课前充分利用在线学习资源，了解相关慕课内容，并在小组内进行充分的讨论，根据重点难点准备演讲材料，做成PPT在课堂上进行演讲展示，其他学生可以提问，也可以"发难质询"，不同组别在交流和碰撞中进行深入的研讨。

当学生进行讲解和讨论的时候，武畅坐在讲台下静静地思考，偶尔对关键问题进行点评，或者有针对性地提出问题，或者参与学生的研讨当中。学生小组演讲结束后，他根据学生们演讲和研讨的内容进行总结，并根据表现进行打分。

他还为学生发布了丰富的课程设计题目和案例库，鼓励学生根据兴趣进行设计。设计完成以后，就开展课程设计答辩，让学生互评、共同研讨，教师可以提问，最后进行综合评定打分。

在考核体系方面，他更侧重于过程考核，考核内容主要由研讨和课程设计构成，期末的卷面考试成绩只占总成绩的20%。目前，其余各个部分的成绩占比是：课堂研讨占20%，课程设计答辩占30%，课程设计报告占20%，问题互动占10%。

据介绍，该课程已建立了一系列课程设计案例库。武畅期望今后在此基础上能够逐步建立起实践教学平台，开发一些与工程实践应用紧密结合的新实验和新案例，进一步增强学生的研发能力，全面提升学生的工程素养。

收效明显：老师和学生一起"渐入佳境"

课堂教学改革的效果如何？武畅表示，在教学方式、考核方式改进以后，课堂教学在两个方面取得了明显的成效。

其一是反映在卷面成绩上，学生的总体分数比以前靠"刷题"学习时更好，而且考前复习的方式也焕然一新。由于这门课本身难度较大，理解起来比较困难，所以，以前学生为了得到较高的分数，除了平时认真学习以外，考试之前需要进行大约1周的复习。但在经过教学改革的班级，学生普遍反映，考试之前基本上不用刻意腾出时间专门进行复习了。武畅认为，之所以出现这种情况，主要得益于学生自己对平时学习过程的监督以及对课程整体内容的把握，形成了自己的知识体系。

从考试结果来看，在试卷相同的情况下，经过教学改革的班级的学生在平均成绩、高分段分布和难题得分情况上都明显好于其他班的学生，经过教学改革的班级在同样考题的情况下期末考试平均分高出其他班10分左右。可见，不"唯分数论"的教学方式，让分数自然而然地体现出了学习的效果。

其二是反映在学生们对待学习的态度上，他们学习起来更主动，而且把目标从寻找确定的答案转变为发现问题、分析问题、归纳问题、解决问题的能力提升。武畅认为，这才是学习的根本目标。

武畅以课堂演讲为例指出，在传统的"老师教、学生听"的模式下，那些学习积极性本就很好的学生，能够在老师的帮助下更加快速地掌握要点、理解难点，但对于一般学生来说，只靠老师讲解很难把握整体认知体系，更不用说把相关知识嵌入自身的知识体系中。因此，课堂分享的主要目的在于，充分调动大部分学生的学习主动性，为全班学生供给一个更好的学习"生态"，促使所有学生变"被动"为"主动"。

同样，鼓励学生做课程设计，也是为了让学生们从发现问题入手，通过已经学习到的知识，利用相关工具解决问题，并在答辩中对问题进行总结，从而提升主动学习的能力。这样，学生就可以在学习中应用、在应用中学习，形成正反馈的螺旋链。

武畅还记得，有一位学生刚开始给大家讲解时紧张得开不了口，但经过几次尝试后就逐渐适应了，最后在课程设计答辩环节表现得很不错。武畅说："对于课程改革，大部分学生都会有一个适应过程，但都能从起初的不适应状态渐入佳境。"

其实，对于武畅来说，教学改革也渐入佳境。通过一届又一届教学探索和效果反馈，他也在不断地进行调整、优化、完善。他说："这门课程的改革成效，是我和学生共同努力的结果！"

作者：王晓刚　苟灵　陈心洁
原载于2020年9月22日电子科技大学新闻网，有删改

激发学生理解通信的本质
——记信息与通信工程学院"信息论"课程的教学改革探索

信息论被誉为20世纪以来最伟大的理论成果之一,为人类认识和改造世界提供了新的有力的思想武器,是认识世界和改造世界的科学方法。然而,要让学生深刻掌握这种方法,并不容易。

这是因为,信息论是运用概率论与数理统计的方法研究信息传输和信息处理系统中一般规律的学科,其核心问题是信息传输的有效性和可靠性以及两者间的关系。这就让许多学生把信息论误当作一种数学理论来学,结果学得云里雾里,或难以学以致用。

但在信息与通信工程学院陈伟建教授(见图1)的课堂上,"信息论"并没有成为令学生头疼的"名补"课程,而是变成了一门学起来很有趣、学会了有大用的"金课"。陈伟建教授也因此深受学生喜爱,收获了一拨又一拨"铁粉",并被学生评为电子科技大学第一届、第三届、第四届"我最喜爱的老师"之一。

图1 陈伟建教授

对症下药:解决"难点"和"痛点",链接知识"孤岛"

"信息论"是信息与通信工程领域非常核心的课程之一。陈伟建说,通信在形式上是信号的传输,但在本质上是信息的传输。在通信领域有两个核心问题:一是信息传输的有效性,二是信息传输的可靠性。

要解决信息传输的有效性问题,就必须引入压缩,通过压缩编码,把信号当中的冗余剔除;要解决信息传输的可靠性问题,就必须想办法去除噪声的干扰,通过纠错编码等方法,把信号传输的失真和错误纠正过来。

因此,他根据多年的教学经验,把课程内容凝炼成了四个有机联系的部分:第一部分是单入单出系统的信源和信道的信息度量；第二部分是压缩和传输的界；第三部分是压缩编码和纠错编码；第四部分是多入多出系统的信源，信道的信息度量和压缩、传输的界。

其中，前三个部分涵盖并贯穿了信息与编码；第四部分是他专门给研究生增加的内容，是针对多入多出系统展开的更具有一般性也更具有实际应用价值的扩展性内容，侧重点不在编码，而在传输的界。

之所以这样设置课程内容，是因为陈伟建认为，目前国外的教材偏重于第一、第二和第四部分，缺失第三部分，内容过于偏重于理论，如美国斯坦福大学等名校的"信息论"课程体系均是如此。与之相反，国内的教材在第二、第四部分较弱，缺乏扎实的数学描述。这两种缺陷都把信息论和编码割裂开来，中间缺乏有机的连接。

在他看来，以前的"信息论"课程在很大程度上都没有与通信领域的实际问题结合起来，学生可能学习了很多数学计算或证明，却并不明白这些知识如何具体应用。即便学习了编码，也只是把编码当作纯粹的技术方法，对编码背后的本质联系缺乏深刻理解。

即便学生学会了一些编码方法，也很难深究同样的技术方法为什么在这种应用场景中能绽放异彩但在另外的应用场景中却平淡无奇，更难以明白为什么不同的应用场景需要选择不同的编码方案，到底哪种应用场景应该匹配使用哪种编码方案。

"有的优秀的学生可能数学基础好，编码技术也学得不错，但是如果不能掌握这两者之间的关系，就很难在理论的指导下去选择或改进技术方法，也就难以取得创新性或突破性的成果！"他说，这就像是吃了很多营养大餐却不能将其消化吸收变成能量。

从2018年开始，他着力建设知识"桥梁"，经过不断优化改建，终于打通四个知识板块，使其联系和融合更加流畅自然。目前，他正在牵头撰写新的教材，使这门课程的教学更好地开展。

此外，他也十分强调"信息论"与"通信原理"课程之间的融合。他说，这两门课程是互补的，前者讲信号的有效性和可靠性，但是，怎么把信号变成一个可以合理传输的信号呢？这就是"通信原理"课程要讲的内容。把这一点讲明白，可以更好地促进学生对信息论的理解。

启发引导：改进教学方法，激励自主学习

认识到知识之间需要"桥梁"也经历了一个过程。陈伟建说："以前我们在教学方法上更倾向于纯粹地教信息论，学习国外大学十余年但效果并不理想，因为国外的教材也没有很好地解决信息论与编码割裂的问题。"

传统教学方法的不足，在学生身上体现了出来。很多学生学了信息论和编码之后去导师所在的团队做项目，遇到相关的问题时就常常"卡壳"。来请教的学生多了，陈伟建就发现，"他们的问题症结就在于不能把所学的知识融会贯通，不能把理论和实际应用建立联系。"

比如，有的学生问他，"现在有一种编码很热门，但为什么我把它应用到这个事情上效果却很差？"有的学生以前可能学了二十多种编码方法，觉得哪种方法好用，就把这种方法应用到所有场景，结果发现方法经常"失灵"。

那么，怎样通过教学让学生明白知识之间的联系呢？他的做法是：尽量避免像以前那样一步一步地讲具体的计算或证明，而是把思路讲清、把思想讲透，让学生自己编程解决问题，至于用什么编程语言、怎么解决问题，他从来不做限制，学生完全可以别出心裁、天马行空地发挥。

比如，讲压缩问题时，他会先给出详细的数学证明，并把方法讲明白。此后遇到类似的证明，他都一笔带过，让学生举一反三。不过，他会提醒一下学生，类似的问题可能需要注意微小的差别。

陈伟建在课前就把PPT分享给学生。学生在课前和课后都自己看、自己学，然后在群里交流讨论，他则在群里"潜水"，观察学生关心的问题和反馈的难点，可以基本了解学生掌握基础知识的情况，并针对难点问题在群里或课堂上适时点拨指导（见图2）。

图2　陈伟建教授与学生交流

再如，在讲编码时，对于简单的、入门级的编码，他会把它作为重点，从头到尾地讲，让学生清楚明白，而对于复杂的编码，则往往只讲一个框架，以及在每个框架的每个板块可能用到哪些关键技术，相当于为学生提供一幅自己探索的"知识地图"。

之所以挑重点讲，他主要有两点考虑：其一是让学生自己学起来、研起来，其二是比较现实的原因——课时的限制。比如，要讲LDPC码这种具有稀疏校验矩阵的分组纠错码，若要详细讲，用20~30个学时都不够。但是，陈伟建只需要讲清楚这种编码的"降维计算"思想和原理，然后把思考的空间留给学生，让学生自己来做述评。所谓"述评"，就是"综述+评价"，它不是一个具体的作业，而是让学生自己查阅资料学习。这样做过一次，学生对LDPC编码的理解就更加深刻了。

与教学方法的改革相适应，陈伟建对考评体系也做了较大改变。以前，他会布置一些维度较少的计算题，让学生手算就能解决；现在，有了计算机编程，他会出"视频编码"等贴近实际且维度更多的题目，让学生做综述和研究。

期末考试虽然是开卷，但难度很大，题量也很大（见图3）。学生一直反映开卷考试很难，但卷面成绩大都在75分以上。在评分时，陈伟建十分注重考查学生在编码中的基本思想，而不太"抠"证明的细节。

图3　课程期末考试

立德树人：激发学生爱国奉献的内生动力

陈伟建的课堂不仅自主性很强，而且趣味性很高。他曾说："如果一个老师能够得到学生喜欢，肯定会非常自豪、特别高兴，就像他的孩子跟他非常亲近一样高兴。"他教书多年，1988年刚进成电不久就获得了"教书育人奖"。他说："我很高兴不仅教了书，还育了人。"

他一直把自己和学生放在平等的位置，以朋友的身份和学生沟通。在学生心目中，"陈老师上课循循善诱，上他的课一点都不吃力。他从来不会直接把结果告诉学生，而是抛出问题并教会大家解决问题、得出结果。"

"学生的思维很特别，总会提出我从来没注意到的问题。"在"信息论"的课堂上，有一次他像往常一样讲授教材上的一种算法，课下一位学生找他"切磋"，试图用一个反例推翻他讲的内容，让他感到耳目一新。他对学生"无知无畏"的质疑精神十分欣慰，他说:"学生的思维总是很活跃,这是创新的重要一步。"

他还经常培养和激发学生的情怀,而兴趣和情怀正是激发学生努力钻研的内在精神动力。他自小在部队大院里长大,很早就在心里种下了投身国防的种子。生活环境的特殊性也使他耳濡目染地了解了我国的国防现代化建设情况,并坚定了他为国家尽一份力的决心。

正因如此,他考大学时选择了国防专业,进入了上海交通大学,希望毕业后能分配到部队工作。大学期间,他仅用三年就修完了所有学分,比其他学生提早半年开始毕业设计——中国第一枚有线制导鱼雷的测试。

毕业后,他阴差阳错未能如愿进入部队,而是参与某工程设计制造潜艇的工作。一年多以后,由于经费短缺,工厂停了工,但他的家国情怀并未动摇,选择回炉深造,去重庆大学攻读硕士。

1988年来成电任教后,他把一腔情怀倾注到了三尺讲台上,立德树人培养时代新人。1988—1994年,陈伟建在学校无线电技术系从事教学、科研工作。1994—2002年,他先后在产业处和附属工厂任副处长、厂长兼总工程师,从事实践教学、开发设计和管理工作。从2002年起,他在信息与通信工程学院一心从事教学、科研工作至今。

多年探索,不断改革,他的课堂教学效果得到了学生的充分认可。信息与通信工程学院2019级研究生刘婧琪表示:"陈老师风趣幽默、思路清晰的讲解,帮助我进一步完善了知识体系,对一些原理不仅可以知其然,还能知其所以然,这对我以后从事科研工作带来了很大的启发。"

作者:王晓刚 陈心洁 苟灵

原载于2020年1月19日电子科技大学新闻网,有删改

引导学生"知之""善之""乐之"

——记信息与通信工程学院"软件无线电系统的设计与验证"课程的教学改革探索

"知之者不如好之者,好之者不如乐之者。"怎么样让学生"知之""好之"进而"乐之"呢?信息与通信工程学院副教授段锐(见图1)在"软件无线电系统的设计与验证"课程的教学过程中,进行了长期探索。

软件无线电技术是以现代通信理论为基础,以数字信号处理为核心,以微电子技术为支撑的新一代无线电通信体系结构,是数字无线电的高级形式。目前,该技术已经广泛地应用在广播、4G/5G通信、Wi-Fi、卫星导航、物联网、雷达等领域产品的设计与研发中。

段锐认为,要让学生认识、了解、掌握、喜欢这门课,不能一蹴而就,而是要循序渐进,引导和帮助学生一步一个脚印地学习、一步一个台阶地攀登。为此,他在教学内容、实验操作和考核方式三个方面,都进行了阶段化的设计。

图1 段锐副教授

内容设计：循序渐进便于学生逐级递进

随着国家研究生培养体系的改革及相关技术的发展，"软件无线电系统的设计与验证"课程应运而生，旨在培养学生的实践动手能力和综合运用理论知识的思维，加深学生对工程实践、学科前沿、行业发展的理解。

它是一门设计性、综合性和实用性很强的专业学位研究生工程实践类课程，以开放性、标准化、模块化、通用性、可扩展的硬件为平台，通过加载各种应用软件来实现不同用户、不同应用环境的不同需求。

据介绍，这门课程的实践任务涉及从部件到系统、从模拟到数字、从射频到基带、从硬件到软件、从设计到验证、从理论到实现等有关的一系列理论和技术，几乎囊括了电子与通信科学的各个领域，课程内容覆盖面宽，知识训练与技能培养兼顾，是一门综合性很强的实践性课程。

按照课程的内容体系，要想较好地掌握这门课程的知识，需要学生综合利用"数字信号处理"和"软件无线电技术"等先修课程的理论知识，基本掌握 MATLAB、Quartus Ⅱ 等软件开发工具，以及软件无线电平台、信号源、频谱仪、示波器等实验仪器，并运用于系统的搭建。

在此基础上，学生需要完成两个重要实验：一个是"数字下变频器（DDC）的设计与验证"，另一个是"数字上变频器（DUC）的设计与验证"。之所以重要，是因为几乎所有无线电系统的构建都与这两个基本模块有关。

其中，数字下变频器是基础模块。在所有无线电系统中，只要涉及调制解调，数字化的第一步就是数字下变频器。因此，掌握这个模块，对学生以后做更深入的研究、开发，或从事相关专业的工作都很有益。

但这对学生的前期知识储备、技能基础要求较高。而选这门课程的学生，除了本专业学生，还有许多非本专业学生，基础扎实程度各不相同。即便是本专业学生，也可能存在知识储备不足、动手能力不够的"短板"。这就进一步增加了教学的难度。

针对这些实际情况，段锐根据课程安排突出了"设计"与"验证"两个主题，把讲授内容分为三个递进的阶段：第一阶段是引导学生从理论上利用所学知识设计一个系统；第二阶段是编写"硬件实现代码"，根据所设计的系统进行仿真、模拟，验证系统是否合理；第三阶段是把系统放到实际的仪器上，编写到对应的器件里，然后通过外部仪器测试最终效果。

这样就把复杂的实验进行了合理分解，以使课程内容由浅入深，避免学生从一开始就望而生畏，还可以让学生明确如何把理论知识和之后的实验相对应，并在实验中找到出错之处，及时解决问题。在不断发现错误、纠正错误的过程中，学生加深对软件无线电系统的认知。

实验分解：引导学生动手实践活学活用

软件无线电系统设计的主要理论基础是带通采样理论、多速率处理理论。在本科阶段，对应的是"数字信号处理"课程涉及的低通采样和奈奎斯特采样定理。现在智能手机可以做得这么小巧精致，主要就是利用了带通采样原理，缩小了体积、减少了成本。

到了研究生阶段，"软件无线电系统的设计与验证"这门课程利用带通采样理论这一高效的实现方式来构建系统，相当于把以前的理论进行了升级，并把它转化为实际可实现的系统。这是研究生阶段与本科阶段教学目标和要求的显著不同。

因此，即便这门课程包含着丰富的理论知识，但在课堂教学中，段锐并没有讲授太多的理论知识，而是强调把理论知识变成可以通过实验实现的电子模块或电子系统。它强调工程实践，强调学生对实验流程的熟悉和掌握，强调学生对开发工具的熟练运用。

选修这门课程的学生，总共有60人。学生每4人一组，共分成15组进行学习。在学生进行实验操作时，段锐会挨个儿查看，学生遇到难题可随时提问，他发现学生的不足也会及时引导或纠正。无论是理论还是实验操作方面的问题，段锐都与学生充分交流，答疑解惑。

为了让学生更容易上手，段锐把实验操作过程也分解为三个阶段，每个阶段讲解对应的理论知识和实际操作流程，并提供对应的范例，引导学生活学活用，从易到难逐步实现系统的设计、仿真、验证。

在这个过程中，老师需要指导学生完成的挑战性任务有：

——完成系统框架的设计，编写FPGA程序子模块，完成A/D控制、数据缓存、DDC芯片控制、DUC芯片控制、D/A控制等功能模块的编写和仿真验证。

——用信号源产生10.1 MHz的单频信号，运用DDC控制的FPGA程序，将中频信号下变频后输出的基带I、Q两路信号到D/A，用示波器对D/A输出信号进行观测，以验证DDC系统的输出结果是否正确。

——设计DUC模块，把生成的基带信号上变频至10.1 MHz，控制D/A将中频数字信号转换为模拟信号，然后用示波器和频谱仪观察信号波形和频率是否正确，完成DUC系统的验证。

——运用FPGA程序，产生带宽为4 MHz的线性调频信号，用DUC模块将其上变频至10 MHz的中频，然后用示波器和频谱仪观察由D/A变换器输出的波形及频谱是否正确。

——对产生的中频宽带信号进行采集后，经过DDC和抽取降低数据率后，通过USB接口传输到计算机上，利用编写的MATLAB程序对采集和保存的宽带信号进行信道化处理后，分析各个基带信号的频谱关系，验证信道化处理系统的正确性。

在做"数字下变频器"实验时，他给每一个小组布置了不同的输入条件和输出参数，各小组根据自己的信号输入条件完成输出任务，做出一个自主设计的系统，并完成仿真、验证。段锐表示："不同组别所做的系统，虽然在系统模块层面相同，但是它的设计条件、输入条件不同，学生必须充分发挥自己的能动性，才能真正地实现出来！"

每一个阶段结束，段锐都会对学生执行的过程做评估和点评。如果没有问题，学生即可进入下一个阶段的实验。这个螺旋递进的过程，可以让学生进行自查，也可以让老师及时发现学生的不足并提供帮助，最终让学生掌握实验工具，理解软件无线电系统的设计流程，切实达到"践之"且"善之"的教学效果。

考核改革：看重过程不以结果论英雄

逐步增强学生的主观能动性，并非一朝一夕之功。学生对理论知识掌握的程度不同，在最后的成果展示中就会有明显差异。但段锐并不看重这种结果，而是重在考核学生参与实验的过程。

"完整的系统包含很多步骤和过程，因此，不能因为某些学生最后没有做出完整的系统而否定他实验的过程。"他说，"只要学生参与进来，实实在在地了解系统，自主动手设计和实现系统，也能达到相应的目标和要求，并从中获得成长和收获。"

况且，对非本专业的学生而言，学这门课程的目的与本专业的学生并不相同。有的学生通过这门课程拓宽了知识面、掌握整个开发流程、提升了某些方面的实践能力，这对学生以后从事管理或相关技术开发工作会有很大的好处。

因此，他对学生的考核不搞"一刀切"，而是对应参与实验的三个阶段分别进行考核。在每个阶段，他都会和学生保持密切沟通，了解学生的学习情况。在沟通过程中，学生做得好不好，他就能了然于心。

即便学生实验"失败"，他也会引导学生分析总结原因，完成分析报告。按要求完成这份报告需要学生深入地研究学习，知其然并知其所以然。因此，实验的结束并不是学习的结束，而是更深入学习的开始。

这门课程自2012年面向全校专业学位研究生开课以来，教学效果良好。针对学校电子与通信工程专业学位研究生的课程教学效果调查问卷显示，学生对教学总体评价满意度高。很多学生反馈，通过该课程的学习有效地提高了运用所学知识分析问题和解决问题的能力。

2019级硕士研究生徐家晨表示，"通过课堂的理论学习以及实验实现，我逐渐对软件无线电这门课程产生了浓厚的兴趣，并在课后通过阅读书籍和文章学习了一些相关的专业知识，这些都深深激发了我对电子通信技术的热爱。"

使命情怀：引导学生服务国家战略

"各门课都要守好一段渠、种好责任田，使各类课程与思想政治理论课同向同行，形成协同效应。"课程思政是课程与思政教育的叠加融合，其中，课程是思政教育的"富矿"和落脚点，思政教育也依托课程这一载体发挥作用。

该课程的定位是，要担负起培养科技人才的使命，不能仅仅"就知识谈知识，就技术谈技术"，而要放在国家整体发展战略中来思考。课程设置与具体教学应充分发掘自然科学背后的人性考量、价值关怀、战略定位，使学生在学习课程知识的过程中，能够从家国情怀和国家整体发展的角度来审视和解决问题。

在课程内容设置上，课程组从电子信息产业的重要基础地位出发，结合当前中美贸易战以及美国颁布的针对中国的科技禁令的国际环境，让学生们了解到我国在高精尖科技领域面临的严峻形势，鼓励学生们认真学习，不断自我成长，刻苦钻研，脚踏实地学好本领，树立为中国的科技自立、自强、自信而努力奋斗的精神。

为了增强学生科技报国的使命感，课程组还用"两弹一星"精神鼓励学生们要"热爱祖国、无私奉献，自力更生、艰苦奋斗，大力协同、勇于登攀"（见图2）；深入讲解电子信息技术在国防科技中的地位与应用，让学生明白学好这门课程对将来服务国防现代化的重要意义。课程组还结合"成电故事"，讲述一代代成电人科技报国精神的传承，激励学生要为中华民族伟大复兴做出"成电贡献"。

案例一：探讨两弹一星精神的时代意义

- "两弹一星精神"象征了中华民族自立更生、在社会主义之下集中力量从事科学开发研究，并创造"科技奇迹"的态度与过程。
- 探讨在美国"科技禁令"情势下，如何学习两弹一星精神，独立自主地掌握集成电路、操作系统等核心科技，突破美国的电子信息技术封锁。

图2 用"两弹一星"精神激励学生

段锐表示，科学实践研究类课程的最终目的是"用"，而"用"有大小之分，所谓"小用"旨在解决具体的技术问题，而"大用"旨在服务国家的整体发展战略。"软件无线电系统的设计与验证"这门课程贯彻课程思政应与国家整体发展战略相结合的理念，就是要努力培养勇担使命的时代新人！

作者：王晓刚　陈心洁　苟灵

原载于2020年11月30日电子科技大学新闻网，有删改

"2W3H"教学法：引导研究生分层次创新学习
——记电子科学与工程学院"无线系统的微波与射频设计"课程的教学改革探索

如何找准研究生专业课程的教学定位？如何在增强研究生专业知识积累的基础上更好地拓宽他们的知识面和学术视野？如何激发研究生对科研的好奇心，并为其后续的科研探索提供习惯、方法与经验参考？如何面向未来培养具有创新引领性潜质的科研领军人才？……这一系列难题，是研究生教学中的"天问"，吸引很多教师孜孜不倦地探索创新。

电子科学与工程学院林先其教授课程组（见图1）在讲授"无线系统的微波与射频设计"课程的过程中，通过多年的不懈探索和实践，给出了自己的答案，那就是"2W3H"教学法。"2W3H"是"What is it? Why need it? How about it? How to realize it? How to improve it?"这5个提问的英文首字母缩写。它将各知识点分解为"了解总体""学会复制"和"尝试创新"三个学习层次，找到了引导研究生分层次创新学习的新路径。这门课程也入选了校研究生精品建设课程。

图1　课程组老师合影
（左起：张永鸿教授、林先其教授、赵明华副教授）

破解"尴尬"：找准专业课程的目标定位

林先其认为，要教好"无线系统的微波与射频设计"课程，首先要找准这门课程的目标定位。这是因为，专业课程学习在研究生的学业生涯中往往处于一种比较"尴尬"的位置，这种"尴尬"首先来源于研究生们基础知识的参差不齐：跨专业学生基础薄弱，难以跟上教学进度；而本专业学生因为先修课程较全，又会轻视课堂学习。其次，这种"尴尬"来源于研究生学习目标的参差不齐：大部分研究生们会在导师的安排下提前进入特定的科研项目攻关，一旦专业课程内容与其科研方向不一致或者差异较大，就会对所选专业课程产生"得过且过"的态度。

"无线系统的微波与射频设计"是"电磁场与电磁波""微波技术与天线""微波固态电路"等本科先修课程之后，为研究生开设的专业核心课程或选修课程。作为一门专业性强、先修专业课程要求较多的课程，同样遭遇到了"一半以上选课学生基础薄弱，先修专业课程不足""课程内容与选课学生的科研方向所需知识重叠率参差不齐""部分非学位课程学生以拿到学分为上，学习过程中得过且过"等问题。而这些问题的出现，也使得研究生们对"无线系统的微波与射频设计"这门专业课程的学习目标与学习定位"混乱多变"。

针对"无线系统的微波与射频设计"课程所面临的定位问题，林先其带领课程组的老师们结合本课程的内容与特色，通过文献调研、学生座谈、课程实践等途径，最终确定了该课程的主要目标，即：以拓展研究生的知识面和学术视野为主，以增强研究生专业知识积累为辅；以激发研究生对科研的兴趣与信心为主，以培养研究生们的良好学习科研习惯与方法为辅；以提升研究生的综合能力为主，以树立研究生的科研报国情怀为辅；最终面向未来培养出具有创新引领性潜质的科研领军人才。

这种课程定位体现在对学生的能力培养方面，林先其用一句话通俗地概括为："把智商被动增长型"教学模式变为"综合能力"主动增长性教学模式（见图2）。

课程学习中的能力培养

- **传统教学**：理论知识和操作技能的满堂灌输、
  智商被动增长型；
  ✓观察力 ✓注意力 ✓记忆力 ✓思维力
  ✓想象力 ✓应变能力 ✓分析判断能力 ✓……
- **本次教改**：探究式+项目引导+教学互动+创新实践
  综合能力主动增长型；

情商（60%）	智商（20%）	其他（20%）
✓人际公关能力	✓观察力 ✓注意力	✓出生
✓自我觉察能力	✓记忆力 ✓思维力	✓环境
✓情绪控制能力	✓想象力 ✓应变能力	✓机遇
✓自我激励能力	✓分析判断能力	
✓控制冲动的能力	✓……	
✓……		

成功 = 37%先天 + 63%后天

图2 以综合能力提升为目的的研究生教学改革

创新方法：分层教学努力实现"因材施教"

准确定位之后，就需要"对症下药"开好"方子"了，这个"方子"，就是教学方法的创新。林先其指出，现今的研究生们大多经历了"3年幼儿园+6年小学+3年初中+3年高中+4年本科"合计19年的"集中式课堂学习"，对于课堂学习或多或少呈现出一种"疲倦与厌倦"，当所选的专业课程不再直接影响其"学位提升"或者"职业发展"时，研究生们更偏向于一种"逃避式被动学习"。要想将"拓宽知识面和学术视野，提升科研兴趣以及综合能力，培养具有创新引领性潜质的新科研人才"这一教学目标落实到位，就需要有针对性地发展新式教学方法。

实际上，"探究式教学""问题/项目引导教学""翻转式教学""角色代入教学""创新实践教学"等多种新式教学方法已经在大学教育中被逐步推广。他认为，这些"药"都是现成的，问题在于，如何开一个"良方"，将这些新式教学方法与研究生专业课程的目标定位相匹配，并发展出一套更有针对性的研究生专业课程教学方法是值得不断研究、探索与实践的课题。

针对"无线系统的微波与射频设计"课程的目标与定位，林先其教授课程组创新性地提出了基于"2W3H"学习方法的分层次"教"与"学"，将课程中的各知识点划分为"百度百科级""硕博论文级"以及"最新文献级"，以方便不同基础的学生进行不同阶段、不同层级、不同目标的学习。在教学过程中，他还引入了"第二课堂训练"以及"研究生特别培养计划"，通过"认知→复制→创新"的实际项目实践，探索培养具有创新引领性潜质的科研领军人才。"2W3H"的三个学习层次分别如下（见图3）。

第一层次："了解总体"，要求研究生们能回答"What is it? Why need it? How about it?"三个问题，这三个问题大部分都可以通过百度百科搜索获得相应答案，因此将其定位为"百度百科级"。

第二层次："学会复制"，要求研究生们结合特定项目实践回答"How to realize it?"这个问题，具体实现方法可以通过参考硕博论文来获得专业答案，因此将其定位为"硕博论文级"。

第三层次："尝试创新"，要求研究生们深入分析与总结后回答"How to improve it?"这个问题，在回答此问题前必须站在最新研究成果基础上，研究生们可以通过查找最新国内外专利以及学术期刊论文来进行思考，因此将其定位为"最新文献级"。

基于"2W3H"分层次教学方法，他还开展了因材施教的个性化教学。学生根据自身发展规划以及学习目的，可以自行选择不同知识点的不同阶段开展不同层次的学习。对于"课程内容与科研方向所需知识重叠率低"的学生，以"了解与理解"为主，主要拓展知识面和学术视野，培养共性的学习科研习惯与方法；对于"课程内容与科研方向所需知识重叠率高"的学生，则以"分析与总结"为主，激发其科研兴趣与信心，并通过专业知识探究式学习实现科研入门;针对中间态的学生,则鼓励他们"按需学习",根据"课程内容与科研方向所需知识重叠率"获得不同程度的"知识面和学术视野拓展""科研兴趣及综合能力提升"。

2W3H学习方法

① 第一层次:百度百科级——了解总体

　　了解+理解—— What is it? Why need it?

　　了解+理解—— How about it?

② 第二层次:硕博论文级——学会复制

　　理解+掌握—— How to realize it?

③ 第三层次:最新文献级——尝试创新

　　分析+总结—— How to improve it?

图3 "2W3H"分层次的教学方法

第二课堂:学生成为课堂的真正"主角"

作为一门研究生专业课程,"无线系统的微波与射频设计"课程是基于发射机、天线、传播、接收机这整个无线系统的误码特性来展开教学的,从系统角度介绍无线系统对射频、微波电路的要求,再从电路及无线信道特性分析其对无线系统的性能影响。相关知识点多、学习难度大,且需要通过具体案例实践才能更好地把握各知识点的核心理论与设计方法。40学时的课堂时间显然不足以让学生掌握无线系统中微波射频电路的基本原理、主要性能指标、应用领域、设计方法与准则。

为此,在课程学习过程中,林先其教授课程组特别引入了"第二课堂训练",三人一组,课后通力合作,就相关知识点的设计实践训练进行汇报讨论交流,以提升学生们的主动学习能力与探究欲望。在此基础上,老师则可以把课堂教学的更多精力合理分配到各章节的重点与难点讲解上。

"第二课堂训练"从3位组员的"相互认识"以及"角色自由选择"开始,通过第一次的无线系统发展历史调研、分析与总结,第二次的无源器件/天线了解、复制与创新,第三次的有源器件了解、复制与创新,第四次的收发子系统分析、架构与归纳,在增强研究生专业知识积累的基础上,更多地拓宽了研究生们的知识面和学术视野(见图4)。

此外,四次的"发现问题→分析问题→解决问题→PPT答辩总结"训练,也有效地引导学生们剖析自己的长处与短处,找到自己在今后科研工作中的定位与信心,激发不同阶段不同角度不同层次的科研好奇心，为其后续的科研选题以及自身成长道路选择提供经验参考与习惯方法训练。

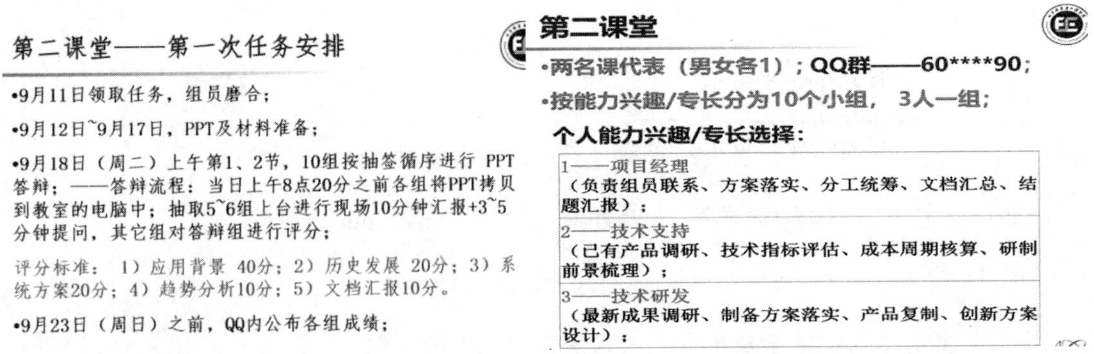

(a) 分组分角色设计　　　　　　(b) 分次任务安排及要求

图4 "第二课堂训练"设置

课程思政：潜移默化践行立德树人

在改进教学方法的同时，林先其教授课程组还十分注重对学生的思想引领。林先其分析指出，高校研究生是一个相对特殊的群体，他们的思想基本成熟但有摇摆性，容易受到社会思潮的影响；他们的人生观、价值观和世界观基本确立，但仍具有可塑性；他们掌握了基本的专业知识但缺少专长，对未来的发展感到迷茫；他们的经济尚未独立，同时面临多重压力。

针对研究生的这些特点，他指出，对研究生的思想引领，显然不再适合采用正面的课堂政治教育方式，而应该采用潜移默化的方式，通过引导式的思考和科学式的思辨，帮助研究生形成正确的思想、观点和立场，形成正确的三观，保证培养出的研究生兼备良好的专业技能和优良的道德品质。反过来，优良的道德品质也会成为他们奋发努力的强大动力，促进研究生自身的更长久的、健康的发展。

在"无线系统的微波与射频设计"课程中，林先其教授课程组开展了"以提升研究生的综合能力为主，以树立研究生的科研报国情怀为辅"的研究生特别培养计划。一方面，林先其带领课程组的老师们以自身及身边的优秀师生为榜样，从生活、教学和科研等方面向学生传递正能量，达到潜移默化影响学生的效果。另一方面，通过设立挑战性的"项目课题"，林先其教授还有意识地锤炼学生的意志和品格。通过项目标书撰写，训练学生发现问题、提炼问题的能力；通过具体器件或系统方案的设计，让学生将课程所需的知识进行深度拓展，使学生熟练掌握理论分析与仿真验证的方法，具备综合应用的能力，并培养其分析问题、解决问题的能力与信心。另外，自行组队、自行分工合作的方式，也向学生提供了一次独立思考与团队合作能力综合锻炼的机会。最终，同步引导学生提升民族自豪感，进而树立科研报国的远大理想。

角色互换：探索多方综合评价体系

研究生专业课程以"拓展知识面和学术视野，提升科研兴趣以及综合能力，培养具有创新引领性潜质的科研领军人才"为目标，而这一目标的实现程度显然无法通过单一的期末考试或者单方面的任课老师评价来界定。特别是其中的综合能力，包括观察能力、实践能力、思维能力、整合能力和交流能力，是人在思维中把客观对象的各个部分结合成一个有机整体进行考察、认识的技能和本领。在对其进行评价时，必须引入客观与主观的双重界定。

因此，在专业课程改革中，除了教学目标、教学内容、教学形式、教学方法改革之外，必须有与之相配套的教学效果评价方式改革。在"无线系统的微波与射频设计"的课程教学改革实践中，林先其创新性地提出了"教师评价+助教评价+学生分组评价+学生组内评价"的综合评价方式。

其中，教师评价与助教评价主要针对学生的课堂表现，主要考查出勤率、早到率、课堂问答，以及最终的期末考试成绩；学生分组评价主要针对四次"第二课堂训练"的PPT答辩汇报相互打分，并作为课程设计成绩的主要依据；而学生组内相互评价也会成为他们的综合能力评价重要指标之一。

在"第二课堂训练"的PPT答辩汇报过程中，一个小组上台汇报时，其他组学生就化身为评审专家，对答辩组进行成果质疑、询问、交流与点评。在学生组内互评时，除了简单打分外，更要求学生们给出打分依据，确保互评成绩的有理有据与真实可靠。这种评价方式上的"角色互换"，化被动获取成绩为主动参评成绩，极大提升了学生们对自身不足认知的深度与广度。

通过改革后的课程学习，学生普遍反映在理论分析、创新思考以及工程实践能力方面收获很大。更为关键的是，学生们学会了对行业发展定位、个人奋斗目标定位、学业奋斗定位以及专业学习定位的思考与思辨，为其尽快融入后续的研究生科研提供了经验积累、知识储备以及方法参考。同时，也激发了研究生们对自身专业选择的信心与进一步科研的兴趣，并形成了一定的科研报国理想。正是由于这些实实在在的收获，2013年至今，林先其每年的研究生课程教学质量三方评价和特别培养计划实施效果评价均为"优秀"，并获"研究生教学优秀奖"。

"课堂上，林老师的整体教学效果非常棒。课堂上大家的互动状态也非常好，在需要我们重点注意的地方，他常常用抽问的方式拉回我们的思绪，调动我们的积极性。于是，我们会全神贯注地思考，认真耐心地听取每位成员的建议，小心思考对与错，用团队合作的方式解决每一个问题。他鼓励我们多动嘴，多发表自己的意见，把所学的知识融会贯通起来。他也很有人文精神，能够尊重学生并体谅学生的感受。先整体再局部的教学方法，也很适合我们的接受能力，能提高我们的学习效率。尤其是第二课堂的教学效果出奇的好，每次课设都让我们集思广益，发挥各自所长，尽力完成任务。希望林老师可以多多推荐一些优秀的资料和文献给我们，就像上次在QQ群分享的天线文章一样。"2019级硕士生张艳秋说，"感谢我的导师推荐我选这个小班教学的课，感谢林老师传授给我的学习方法，让我对未来的学习充满了兴趣和好奇心。"

作者：王晓刚　苟灵

原载于2019年11月19日电子科技大学新闻网，有删改

传承为师之道　引导学生探索电磁波的秘密
——记电子科学与工程学院"导波场论"课程的教学改革探索

把学生当孩子看，激发孩子们的兴趣、引导孩子们的好奇、提升孩子们的能力、涵养孩子们的情怀，并包容孩子们的缺点、聆听孩子们的心声、理解孩子们的想法、解答孩子们的困惑、纾解孩子们的焦虑，在严格要求孩子们的同时给他们自由成长的空间，这是电子科学与工程学院物理电子系喻胜教授（见图1）与研究生相处的"秘诀"。

多年来，喻胜一直担任"导波场论"的教学。在教学中，他有意识地以学生为主体、以教师为主导，通过对理论方法的剖析与互动式讨论，引导研究生带着浓厚的好奇心窥探电磁波的秘密，加深对导波场论的理解。同时，他常在课下与学生交流，全方位培养学生、关心学生成长，让学生又敬又爱。

图1　学生记者团龚后军（左）、张思璐（右）采访喻胜教授（中）

桃李传承："感谢李宏福老师对我的指导"

在与研究生相处时，喻胜经常回想起自己读研、读博时的经历。1993年，他考入成电读研，投师李宏福教授门下。李宏福是1960届成电毕业生，长期从事微波电子学与相对论电子学的研究与研究生教学工作，对喻胜的学术成长提供了很多指导和帮助。

喻胜说，当时读研机会难得，大家都很珍惜，专注学习、心无旁骛。硕士刚进校他就进入教研室，与导师朝夕相处，"就像在一个办公室上班一样"，平时师生交流很多，遇到问题可以随时请教导师或与学生讨论。

"李老师对我们的指导是全方位的，他关心学生的学习、研究，也关心学生的生活，言传身教，让我们受益终身。"喻胜表示，"那时候我就想，如果我当了老师，也要像李老师这样善待我的学生。"

读研期间，喻胜主要研究回旋放大器。当时，由于研究条件有限，我国在材料、工艺、测量、仿真等方面都困难重重。然而，成电在国内高校中是最早进军该领域的，在李宏福等老一辈成电教授带领下研制的回旋管达到国际先进水平。

在此过程中，喻胜有幸参与并见证了成电在该领域的辉煌成绩。"这些研究涉及大量的公式推导，需要根据公式构建计算机模拟模型，然后自行编程，根据程序再对物理对象进行分析模拟。"他说，"全程参与研究，使我们收获很大。"

从1993年到2002年，喻胜一直师从李宏福。2002年获得电子科技大学物理电子学博士学位并留校任教后，他开始指导自己的学生，传承和探索"为师之道"。

激发兴趣："让学生自己学会思考"

从2003年开始，喻胜给研究生教授"导波场论"课程。此前，他曾有过多年的授课经验，但针对的都是本科生。开设"导波场论"课程，是他第一次面向研究生进行教学探索和实践。

该课程是物理电子学硕士生和博士生的必修课，也是基础课，内容主要是引导电磁波运动的理论和方法，对从事物理电子学的学术研究具有十分重要的作用。当然，要教好、学好这门课程，并不容易。

"这门课的理论性很强，数学公式繁多而且复杂，不光有标量的数学方程，也有矢量的数学方程。"喻胜说，电磁场本身不好想象，再加上描述电磁场对数学的要求很高，很多学生都会卡在数学难关上。这些特点无疑增加了授课的难度，但是，他深知学生的困难在哪儿，所以会根据学生的状态以及课程本身的技术条件，进行有针对性和侧重点的授课。

"教好这门课，最重要的还是引导。"很多学生不愿意学这门课程，是因为要理解它需要一个过程。因此，老师需要循循善诱，善于引导，想办法吸引学生主动学习，在理解的基础上发现这门课程的魅力。

他在课堂上以讲述理论公式的推导为主线，重点讲概念、讲思路、讲方法，鼓励并带领学生去看、去做、去思考，下课后他会跟学生一起交流讨论，引导学生自己学，因为"自己推导出来的公式，永远忘不掉"。

总结培养研究生的感受，喻胜说："他们就像我的孩子，不怎么怕我，但也许有些敬畏。他们思维活跃，但也面临迷茫。他们充满好奇，但要深入理解知识还有一个过程。他们富有创新精神，但还需要提高数理水平。我要做的，就是理解他们、帮助他们、引导他们发现电磁波的魅力。"

鼓励交流："做研究要善于交流和表达！"

"研究生不同于本科生，对于研究生而言，学术研讨、学术交流十分重要，可以提高学习和研究的效率，加快研究与探索的进程。"正因如此，喻胜一直鼓励研究生积极拓展学术交流探讨的能力。

交流包括学生与学生之间，以及学生与老师之间的交流。他在团队努力营造开放自由的氛围，让学生敬而近之，愿意主动交流。

同时，交流也包括与同行之间的交流。参加学术会议是与同行交流的重要方式之一。只要条件允许，喻胜都鼓励学生走出去，支持他们参加国内外学术会议，即便不提交或宣读自己的论文，听一听其他同行的思考，了解他们的最新研究进展，也是十分有益的。

此外，与同行的交流也可以通过广泛阅读来实现。他说："研究生期间的大量知识来源于阅读学术资料、文献等，养成阅读和交流的良好习惯十分重要。"

阅读和交流可以促使自己不断思考，提升创新能力。他指出，创新的前提，就是要去思考。如果对一个问题穷于思考，创新就无从谈起。只有大量阅读、勤于思考，才有可能"站在巨人的肩膀上"，站得更高、看得更远。如果不想追求更高、更远的境界，就更没有可能超越和创新。

他强调，真正的原始创新或颠覆性创新，都是偏重于基础的。就像爱因斯坦的相对论那样，它颠覆了我们的基本概念和思想方法，换句话说，它颠覆了我们的世界观。量子力学的伟大之处就在于，它揭开了物质的微观世界，并让我们找到了描述微观世界的方法。

涵养情怀："回旋器件是很有前途的研究领域"

在自己读研期间，随着对回旋放大器的接触了解逐步深入，他发现，这是一个非常有前途的研究领域，同时还有大量问题亟待解决。他说："这个领域研究对国家和社会的发展具有很重要的意义。"

博士期间，他做过关于两种回旋器件的研究工作。虽然当时科研的软硬件条件较差，"一个数据可能需要几天才能出来，对于回旋管的模拟要几个电脑同时计算一年半载才得出结果"，但他一直坚持探索，希望能在这一领域为国家做出应有的贡献。在"十五"和"十一五"期间，他主持研制成功了大功率回旋放大器件，其综合指标达到了国际先进水平。

2004年，学校联合国内数家科研单位恢复建设国防特色紧缺专业——真空电子技术专业。作为恢复后第一任真空电子技术系主任，喻胜深知我国在该领域的人才缺乏状况和薄弱之处，因此，他有一个心愿，就是在电真空领域尽快为国家培养大批优秀人才。

目前，学校的微波电真空器件国家级重点实验室，作为真空电子技术专业的重要研究平台，是国内高校中唯一能进行大功率微波、毫米波器件的理论研究，计算机模拟，工艺研究制管以及冷热测试的完整流程研究和制造的基地，也为人才培养提供了良好的条件。

喻胜说："我希望学生们能够在深入的研究中看到这个领域的巨大潜力和光明前途，并像所有老一辈成电人那样，为实现中国梦、成电梦贡献自己的智慧和力量。"

作者：王晓刚　刘昕雨　张思璐　龚后军　苟灵

原载于2019年12月12日电子科技大学新闻网，有删改

打好自主学习与互动研讨的两张教学牌
——记电子科学与工程学院"模拟集成电路分析与设计"课程的教学改革探索

"明知山有虎、偏向虎山行。"对于教授"模拟集成电路分析与设计"课程的电子科学与工程学院的罗萍教授来说,这是她作为传道授业解惑者的一种态度,更是一种信念。

长期以来,学习"模拟集成电路分析与设计"课程一直被认为是本专业学生需要攀登的一座高峰,甚至有人闻"模"生畏,学生普遍反映难度大、不好学。针对学习难度大的问题,如何在教学过程中有意识地进行研究生创新思维与创新能力的培养,引导学生养成自主学习、研精覃思的习惯,树立不畏艰难、敢于挑战的决心,形成独立思考、富于创新的素质,一直是罗萍深思琢磨、不断探索的事儿。凭借坚定的信念,长期的实践,创新的教学方式,还真让她找到了"北",摸索出一条行之有效的路。

课前:学习观与方法论为课堂赋能

相较于本科生宽口径、厚基础的通识教育培养,研究生培养更要求了解专业知识体系、明确各门课程间的横纵关系,具有"一览众小山"的高度与气魄。在罗萍看来,课前就为学生树立正确的学习观与方法论是教好一门课的前提。

在研究生接触到课程之初,罗萍首先会为学生们梳理微电子和集成电路专业的核心专业课程体系(见图1),进而介绍"模拟集成电路分析与设计"这门课的知识结构和学习内容;同时,她还会结合该课程的开设历史和教改历程,通过分析对比国内外电子科学与技术或EE排名靠前的高等院校相应课程开设情况,向学生们说明课程的重要性与学习难度,并巧妙地把基于专业知识体系与课程体系的学习方法介绍给学生们。

"建立了课程知识体系,就容易把前后知识关联起来学习,使学习更有系统性和高效性。"上这门课的学生们普遍有这样的感觉。

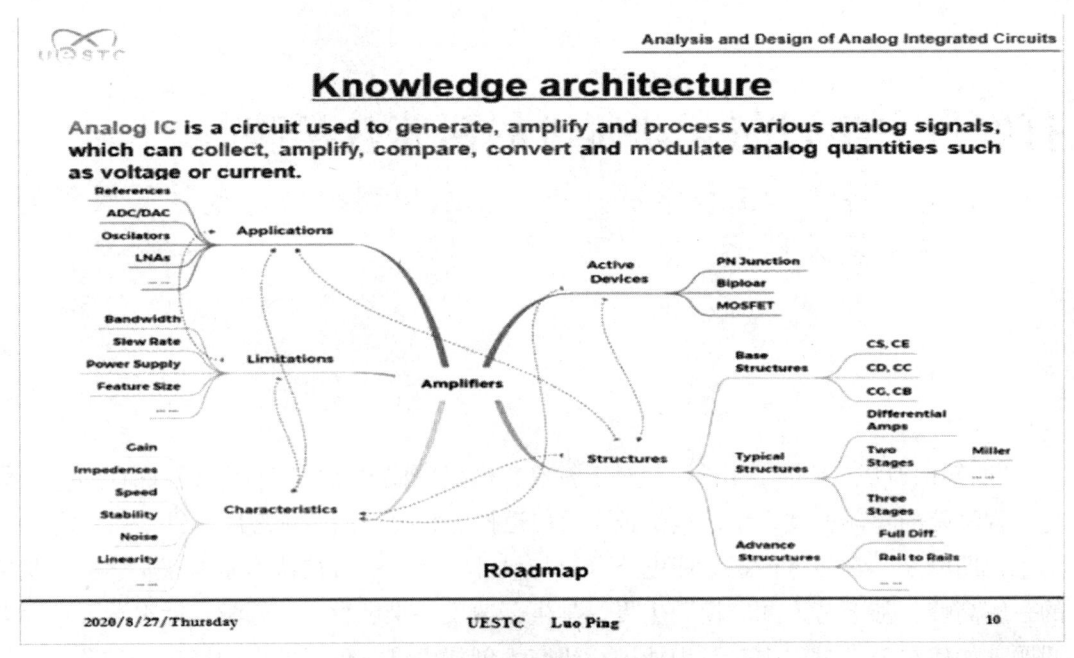

图1 课程知识体系思维导图

　　如同下围棋中布好局的第一颗棋子，罗萍将学习观与方法论的棋子一摆，千变万化的模拟集成电路也变得"温柔"了，"我们现阶段课程采用的 Willy M.C. Sansen 的 *Analog Design Essentials* 教材里没有任何电路的理论公式推导过程，对学习微电子和集成电路专业的研究生们而言，因为课程一开始就交代清楚了课程的特点与基本学习方法，容易调动起他们不畏艰难、勇于挑战的决心，走好课程主动学习、高效学习的第一步。"

　　罗萍除了在课程理论知识的传授上积极探索新的教学方式，更在如何调动学生主动学习、积极思考、不畏艰难、勇于挑战上下足功夫，将思政教育潜移默化地贯穿于课堂内外。

　　"模拟芯片创业大有可为""华为提出6G方案，将发射10 000颗卫星实现天地互联，成本99亿美元""大动作！中国投入2 000亿元推进国产化芯片，日媒：十年内或席卷市场""台积电三星新一轮争夺战开打""任正非咖啡对话第三期完整版：华为运气好，瞎猫猫碰上了死耗子！""利润同比增10倍！中国芯片巨头打出漂亮仗"……罗萍常常利用课间时间，见缝插针地分享一条条鲜活接地气的业界新闻（见图2），用丰富的资讯弥补课程知识点多、学时有限的缺憾，让学生们深入了解国内外集成电路领域技术发展动态、行业发展形势，感受到与国外集成电路设计上的差距。

图2　罗萍在课间分享一周IC新闻

"尽管'模拟集成电路分析与设计'课程内容多，学习难度大，然而使命使然，我们必须勇敢面对。"罗萍用这种潜移默化的引导，唤起学生们的抱负和勇气，进而激发起担当未来时代重任的责任感与使命感。

课中：案例分析与互动教学为课堂造血

"模拟集成电路分析与设计"课程是一门理论性和工程性都很强的课程。2002年，为微电子与集成电路专业研究生开设这门课程之初，选用了被称为"模拟IC领域圣经"的 Analysis and Design of Analog Integrated Circuits 作为教材，但由于教材版权等原因，课程现在采用由比利时知名模拟IC设计大师 Willy M.C. Sansen 编著的 Analog Design Essentials 为教材，该书引入了一些经典电路结构和实际工程设计案例，是一本知识面广、学习难度大的高阶模拟集成电路设计领域教材。

前者侧重理论，而后者偏重案例分析，鉴于此，"模拟集成电路分析与设计"课程在教学设计中充分发挥两本教材各自的优势，将其特色融为一体。

一方面，沿袭 Analysis and Design of Analog Integrated Circuits 的知识体系，保持模拟集成电路基本理论体系架构，并补充 Behzad Razavi 的 Design of Analog CMOS Integrated Circuits 和 Phillip E. Allen 的 CMOS Analog Circuit Design 的内容，使模拟集成电路基础理论体系更加完善，教学内容由浅入深；另一方面，充分利用 Analog Design Essentials 中引入的 JSSC、ISSCC 等领域顶级刊物和会议的先进电路案例，提升学校微电子/集成电路专业学生的专业技能和竞争能力。

"安排课程教学内容时，我们按照'以理论体系为基础，以案例分析为重点；以理论体系为线索，以案例分析为亮点；以基础理论为讲解主体，以案例分析为互动主题'的思路组织课程教学工作。"罗萍正是这样用基础理论串联案例分析，打好基础理论与案例分析两张牌，实现了理论与案例的有机融合，相得益彰（见图3）。

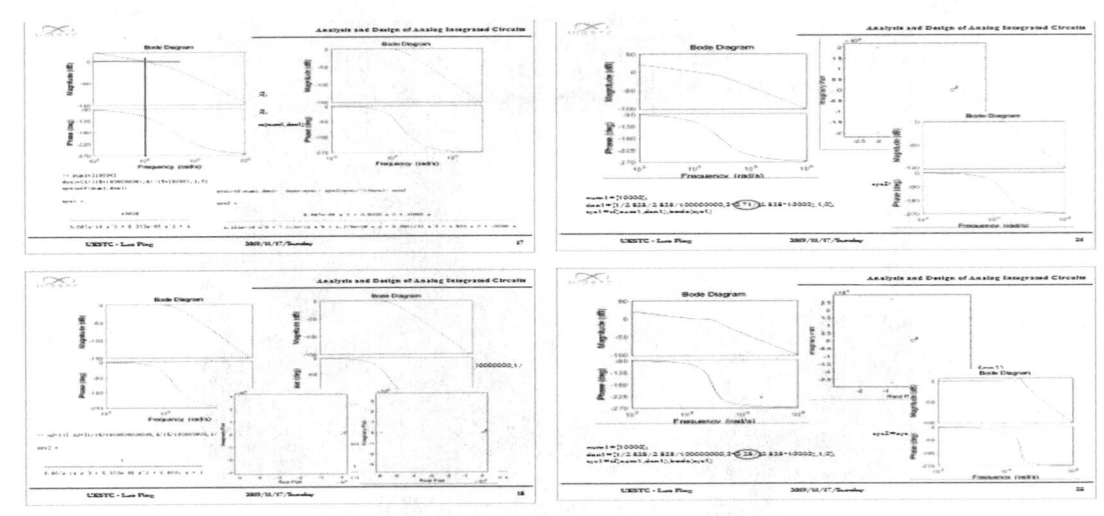

图3　案例分析中罗萍老师补充的仿真结果

课余：打造自主学习与互动研讨的教学模式

有限的学时、十几章节的内容、200余篇引用文献，教材里还没有任何电路公式推导……如何化解这些教学中的矛盾？罗萍的做法是，自主学习与互动研讨紧密结合。

除了自己进行电路的数学推导和仿真分析之外，罗萍鼓励学生们自己完成疑难电路的分析，提升分析能力。

补充科研工作成果以及近几年行业涌现出的新思想、新技术，紧跟行业发展的步伐和趋势是研究生创新思维教学的重要环节。"模拟集成电路分析与设计"课程通过布置学生撰写行业技术发展趋势或新近文献阅读心得的作业，并选取优秀的学生在课堂上通过PPT分享他们的收获，使全班学生都可以拓宽视野、共享信息，收获更多新而精的知识（见图4）。

图4　学生们在课堂上分享近年模拟IC文献阅读心得

分享阅读心得的学生在制作PPT的时候会更深入理解文献的思想和精髓，提升自己对模拟IC的理解；有的学生在理解文献内容时还会通过仿真对文献中的电路进行验证，不仅可以深入领悟文献中电路的优点，而且还能发现其不足之处，并给出修改建议，这对学生来说无疑是一个再创新的过程。课堂上表扬、鼓励这类学生，可激励更多的学生带着分析、理解、掌握、出新的心态学习课堂知识。

"模拟集成电路分析与设计"课程通过布置课程设计作业，让每一位学生都有机会参与模拟IC电路设计，从而真正得到能力上的锻炼。

具体来讲，就是在课程进行到约1/3的时候安排助教进行一次模拟IC电路仿真软件使用的培训，让不会模拟IC仿真软件的学生快速掌握Cadence软件的基本使用方法，一方面为后续的课程学习注入新方法新技能；另一方面，为该课程最后的课程设计奠定基础。在课程进行约1/2的时候，布置本课程的课程设计作业——让学生分组（3～5人）设计一个模拟IC。由于课堂讲解模拟IC仿真软件如何使用的时间有限，学生为了完成课程设计尚需进一步学习Hspice或Spectre等软件的使用技巧，此外还需充分利用掌握课堂中所学的基本电路结构、电路设计方法以及*JSSC*、*ISSCC*等刊物文献中的电路思想，方能完成电路分析、参数设计、功能/性能仿真。

"该课程设计对学生来说是一个具有一定挑战性的作业。通过这个作业的完成，可以实现从本科生被动接受知识到研究生主动学习、研精覃思、积极创新的蜕变过程。"学生魏亚瑞表示。

"通过课程设计，我从本科阶段知道模拟IC中器件的大小信号模型和基本放大电路，到研究生阶段知道 Vdsat、λ、GWB 等参数与器件结构和工艺误差的关系以及它们对电路性能的影响，开始学会通过仿真工具来理解电路工作原理，到开始懂得什么是低压低功耗、高速和高精度，到主动阅读一些*JSSC*刊物文献或者博士论文，然后到懂得原理性电路与实际电路设计之间的差别……"学生周航深有感触地说。

认真细致的讲解、循序渐进的引导、形式多样的互动研讨令学生学习起来兴趣盎然；模拟IC理论分析、创新思考、集成电路仿真设计令学生提升学习能力，学生们通过课程学习，了解了行业发展动态、领域学术前沿趋势、祖国IC发展与自己肩上的责任，为其尽快融入后续的科研工作提供了分析问题、研究设计的思路与方法。同时，也激发了学生的科研兴趣，提升了他们投身IC事业的信心、决心和勇气，坚定了科研报国的理念和责任。

一路走来，罗萍收获了历年学生的好评、历年的校督导组评教的优秀，并先后获得"研究生教学优秀主讲教师"、"研究生教学优秀奖"、"电子科技大学唐立新奖教金"、成电研究生教学优秀奖等荣誉。

教学过程中，"教"是载体，"学"才是主体。罗萍认为，一定要思考"教"与"学"如何达到谐振频率，产生最大振幅，得到最大输出。"作为老师，一定要站在学生的角度，换位思考看待各个知识点，考虑怎么从不懂到懂、从不会到会，从而设计出更合理的课程教学方法，将'模拟集成电路分析与设计'打造为'金课'，我还一直在路上。"

作者：罗莎　苟灵

原载于2020年8月31日电子科技大学新闻网，有删改

把讲台"让"给学生
——记材料与能源学院"高等固体物理"课程的教学改革探索

物理是一门古老的学科，是很多科学研究的起源和基础。对于工科生来说，"固体物理"并不陌生。但是如果在前面再加上"高等"两个字呢？

材料与能源学院李含冬教授所开设的"高等固体物理"是主要针对学院博士生的一门必修课（见图1）。但即使对于博士生来说，这门课也是"难，不容易听懂"。如何上好这样一门课，让学生有收获，并且学以致用？我们一起走进课堂看看！

图1 李含冬根据课程内容为班级量身打造教学规划

初心：为学生夯实科研的根基

固体物理是研究固体结构及其组成粒子（原子、离子、电子）之间相互作用与运动规律以阐明其性能与用途的学科。它产生于20世纪30~40年代，是微电子、光电子、光子等各项技术和材料科学的基础。随着新的实验条件和技术的快速发展进步,新材料不断涌现,经典的固体物理理论在解释世界时也开始有点"力不从心",出现了很多解决不了的疑难问题。到了20世纪70年代,凝聚态物理应运而生。一方面,它将固体物理学向外延拓,使研究对象除固体物质以外,还包括许多液态软物质;另一方面,它也引入了新的概念体系,既有利于处理传统固体物理遗留的许多疑难问题,也便于推广应用到一些比常规固体更加复杂的物质。经过不断发展,凝聚态物理成为晶体管、超导磁体、固态激光器、高灵敏辐射能量探测器等重大技术革新的源头;为力学、流体力学、电子学、光学及固态化学等经典科学提供了量子力学基础;对通信、计算以及利用能量所需的技术也起着直接的作用。

在李含冬看来,材料与电子大类的学生在进入博士阶段以后,将要接触大量前沿课程与科研方向,他们之前学习的固体物理知识已不能满足这些主要研究对象还是"固体"的新兴交叉学科更高层次的科研需要。这就迫切需要设置一门符合学生特点和培养目标的课程,以完善从事高层次科研所必需的基础知识链。

在这样的情况下,高等固体物理学应运而生。可以认为,高等固体物理学是凝聚态物理学中专门研究"固体形态"及"固体电子"相关前沿物理问题的学科。通过这门课程的学习,可以培养学生在知识能力水平上达到能理解并跟进当前学科前沿进展的层次;同时,也能比较全面地覆盖非物理专业工科生们进行科研工作所必需具备的物理理论基础。"简单来说,高等固体物理就是在进一步给学生们打基础,让他们能够更好地开展科研工作。"李含冬说。

举措:把课堂变成"学术研讨会"

有了好的想法,但操作起来并不太容易。李含冬说,高等固体物理学涵盖甚广,而且里面涉及比较复杂、艰深的量子力学的知识,想要在40个学时里面把它讲完讲全是不太可能的。因此在教学内容上,李含冬将高等固体物理学的知识做了选择,将凝聚态物理中涉及"固体"的核心知识点凝炼出来,"以精代广",以前沿材料的制备、物性与应用研究为课程内容引导,以"固体形态"与"固体电子"体系为中心,让学生们掌握前沿概念、基本理论思路、采用的方法等。

在课程形式上,李含冬将40个学时的课时分为两个部分,一半由他来给学生们梳理基本的理论框架和思路,另一半时间留给学生们结合自己的科研方向开展研讨,"把课堂变成学术互动交流的地方"。

在课程刚开始,他会了解每一位学生的研究方向,然后对他们进行分组。每一个章节结束以后,他会结合学生们的研究兴趣点,布置研讨题目,大家以小组为单位开展调研,然后将调研结果在课堂上作30分钟左右的分享。老师和其他学生在听完分享以后,会就调研报告中的内容提出问题,报告人再予以回答。最后,老师和每一位学生再针对报告内容，从是否切题、是否反映最新进展、报告制作质量、讲述环节是否清楚四个方面进行相互打分。"这其实跟我们参加学术交流或者发表论文是一样的，一方面是观点的碰撞，一方面也要接受同行的评价。"

今年春季学期，在讲完绪论和第一章（无序）后，李含冬给作报告的三个小组分别布置了这样的三个题目：有机与无机非晶半导体太阳电池研究进展、金属玻璃体系研究进展、无机与有机准晶材料研究进展。他希望学生们用一周的时间，从背景阐述、合成方法原理、结构表征、电子结构及能带、输运性质、应用举例、展望等7个方向开展调研，然后在课上作专题报告。

3月22日上午，在沙河校区主楼508教室，第一场高等固体物理学"研讨会"拉开了序幕。三个小组的汇报人站上讲台，报告小组的调研成果（见图2）。在每一位报告人讲完后，台下的学生都纷纷针对自己感兴趣的点进行提问，讨论相当热烈。李含冬也参与其中，不仅提问题，还就学生们报告中提到的知识点进行延伸。例如，第三组学生在调研无机与有机准晶材料研究进展时，用了准晶扭曲双层石墨烯结构的例子。李含冬先是提问，准晶的电子结构和能带应该如何处理？当学生解释不清楚的时候，他又结合图片内容给大家做了详细的讲解。

图2　学生站上讲台做专题分享

正是在这样的"学术交流互动"中，学生们把晦涩的理论知识跟具体的案例相结合、跟自己的研究方向相结合，不但加深了对理论的理解，同时也通过听取别人的报告拓宽了知识面，碰撞出新的思维火花。

成效：学有所获、学以致用

授人以鱼，不如授人以渔。用李含冬的话来说，"我希望告诉学生们月亮在哪里，至于如何登上月球，他们需要自己去想办法。"

在课程开设之初，李含冬的理念就是要讲范式、讲思路，让学生了解高等固体物理学各种理论框架与前沿分支的研究进展，重点在拓宽知识面。因此在授课过程中，他尽量淡化理论推导的过程。这样一来，也节省下更多的时间给学生们做互动研讨，让大家从被动接受向主动研究转变，锻炼自学调研课题的能力。同时，他也注重将一些最新的重大学术进展融入课程中，让学生了解学术前沿，跟上时代发展。在课程考核上，过程考核和期末考试各占50%。并且期末考试也是采用开卷的形式。"我希望大家能真正了解高等固体物理学，然后应用到科研中，而不是仅仅记下知识点。"在李含冬看来，课程的核心是要培养学生真正具备从凝聚态物理层面独立探索、理解材料科学与工程基础科学问题的能力，这才算学有所获、学以致用。

在授课过程中，李含冬还注重对学生价值观的引导。他会给大家讲高等固体物理学科发展过程中我国科学工作者的贡献，用鲜活的案例来激励学生树立科技报国的远大志向；强调学术研究的规范性，引导学生建立正确的学术道德规范与科学思维方式，树立以实干、肯干的态度做研究的观念；在互动研讨以及实践环节，他严格要求学生独立完成调研工作，培养学生养成通过自主思考与工作获取学习与研究成果的习惯，促进知识与技能、过程与方法、态度与价值观的三维统一。

来上这门课的，除了材料与能源学院的博士生，还有电子科学与工程学院、基础与前沿研究院的博士生。不同的专业背景导致了基础的强弱。如何照顾到每一个学生，真正做到因材施教？李含冬的做法是探索开展分层教学，给基础较为薄弱的学生"开小灶"。他鼓励大家在课后也积极跟他互动，针对课上没有听懂的地方，进行一对一的讲解。"要学会跟学生做朋友。"李含冬说。

材料与能源学院2019级博士生巩文潇2020年上了这门课程。谈到学习的感受，他说："本科学习的固体物理学只是我们了解微观世界的一个开端，很多理论是基于实际物理知识的特殊情况做出的合理解释，和实际的现象是不相符合的。学生应该在掌握固体物理和量子力学知识后，学习高等固体物理学。就像盖好房子的框架，需要一点点用细节去填补。"

提到授课教师李含冬，巩文潇认为，"李含冬老师讲课风趣幽默，难懂晦涩的知识点讲得通俗易懂，并且会把理论结合实际顶刊文献配合举例。这门课的课堂形式丰富，小组调研积极性很高，能有效提高学生自主学习积极性，一学期下来确实收获很多。"还有的学生评价，上完这门课"对材料在理论上有了更深层次的认识"，"能够将凝聚态物理的理论应用到自己的材料上了"。

对于这门课程，李含冬希望能够继续改进完善。他期望能积累出一套有电子科大特色、行之有效的高等固体物理学教学方法，不仅能更好地支持学校重点学科发展方向，也能培养出一批又一批交叉学科的领军人才。

作者：何乔　苟灵

原载于2021年4月13日电子科技大学新闻网，有删改

课程高阶化　让学生"研"起来
——记机械与电气工程学院"振动理论与声学原理"课程的教学改革探索

1940年11月，美国华盛顿州横跨塔科马海峡的两条悬索桥（Tacoma Narrows Bridge），在通车四个月后竟然戏剧性地被微风摧毁（见图1）。这一幕正好被一支摄影队拍摄了下来，该桥因此声名大噪。当地居民给它起了个绰号，叫"舞动的格蒂"。

图1　塔科马海峡大桥

在机电学院"振动理论与声学原理"课程开讲不久，王科盛副教授（见图2）就在课堂上播放了这段珍贵的历史视频，研究生惊讶地看到微风如何把一座大桥吹得像纸片一样随风起舞，最后拧成了"麻花"，直到断裂掉入海水。

他用引人入胜的故事、真真切切的视频、通俗易懂的讲解，让学生了解为什么塔科马海峡大桥的坍塌使得空气动力学和共振实验成为建筑工程学的必修课，也让学生惊喜地发现这门课程所讲的看似简单的"弹簧-质量块-阻尼"模型竟然在现实中有如此妙用。

图2 王科盛副教授

爱上"振动理论与声学原理"课程，并在脑海里自然而然地产生问题意识，就在这样的生动案例分享中开始了。

化抽象为具象：让学生"看"到振动的真相

振动问题是近代物理学和工程科学许多领域中的重要课题，随着生产技术的发展，动力结构有向大型化、高速化、复杂化和轻量化发展的趋势，由此而带来的振动问题更为突出。因此，振动在当今不仅是作为基础科学——力学的一个重要分支，而且正走上向工程科学发展的道路。

王科盛说："振动在航空、航天、机械、船舶、车辆、建筑和水利等工业技术部门中占有愈来愈重要的地位。掌握振动学的基本概念、原理、分析方法，对解决现代科学技术和工程实际问题中的振动和动态问题是十分重要的。"

然而，由于这门课程的教学内容较为抽象，因此，振动理论长期以来在各大高校都是一门公认的"硬骨头"课程。课程的主要难点在于振动理论的分析和理解要借助比较复杂的二阶微分方程等数学方法。这就导致学生在学习的过程中往往很难深刻地理解振动理论，更不要说紧密联系工程实际形成清晰认识了。加上在开展小班教学之前，学生在大班授课方式下，遇到问题和疑惑不能及时得到解答和深入思考，更无法与教师形成有效互动，因此对振动理论的理解往往停留在表面。

因此，如何把抽象的问题具象化，是王科盛思考的重要问题之一。他指出，"从数学到数学的理论讲授，学生很难听懂，更难以产生兴趣和好奇心。如果没有好奇心，学生就很难有内生的学习动力。""振动理论与声学原理"这门课程在开始教授时，就要实现形象化、具象化，让学生在解决工程问题和日常生活中都能发现振动理论的实际用处。

变理论为实践：动手体验培养问题意识

塔科马海峡大桥的坍塌，只是为研究生"开胃"的"甜点"之一。为了让学生感受振动、认识振动、思考振动，王科盛日积月累地搜集了许多有趣案例和资料，包括故事、视频、图片、慕课等丰富形式，汇集成一个"案例库"，上课时可以根据需要信手拈来。

他会和学生一起探讨枪的"后坐力"问题，研讨快递公司通过什么包装可以避免贵重物品在运输过程中因为路途颠簸而磕碰受损的问题，分析汽车制造商怎么样通过汽车转弯的实验和仿真结果来计算出汽车的重心从而为汽车设计提供科学依据，思考为什么工程项目中经常会用到严格的数学分析和风洞测试，以及液压阻尼器等"减振神器"在重大工程中的奇特功效。

当然，"君子动口不动手"是远远不够的，王科盛主张，应该把"看"和"做"结合起来，把课程实践化、高阶化，并在学校大力开展小班教学的契机下，摒弃原来大班课程只能简单带过的问题，开展深入研讨和改革，从注重"是什么、为什么和怎么样"向更深层次的"如何动手、如何思考、如何实现"转变。

改革后的课堂，让数学公式的结果"活起来"，让零散的理论知识"联起来"，让工程问题的分析"实起来"，让课程讨论"疑起来"。王科盛表示，要让研究生能够在小班课堂上真正体验到较高认知水平上的心智活动，而且不间断地深入讨论，使学生解决问题、分析问题的思维活跃起来。

在他的课上，学生做了许多有趣好玩的实验。有的看了网上的声学振动视频，情不自禁地在实验室亲手尝试，一袋盐、几首音乐，让学生惊奇地发现不同振动频率下振动的盐粒可以组成各种不同的图案（见图3）。学生还动手制作"齿轮振动箱"，贴上传感器就可以测试振动参数；动手编一个小程序，就可以用MATLAB软件对振动情况进行仿真。不仅如此，王科盛还要求学生把有趣的实验过程用视频记录下来，给低年级的师弟师妹们观看学习。

图3 声音的频率与盐粒振动图样之间的神奇关系

机械与电气工程学院2018级研究生谢葭表示，"王老师讲课风趣幽默，课堂带动力很强，小班课的氛围很好。这门课程让我认识到了机械系统常见的振动现象、产生的原因和相关的参数理论设计,掌握了对机械振动系统的常见分析方法,同时,对声学的发展以及波的传播有关知识有了基础了解,收获很大。"

变传授为探索:课程高阶化激发学生潜能

结合实践体验,王科盛对课程内容和理论讲解的方式也进行了改革。在多年的教学实践中,他感到小班教学确实可以有效支撑课程的高阶性、创新型和挑战性的改革,尤其是针对振动理论这类比较枯燥、数学公式比较多的课程,给教师空间开展高阶性课程内容的打造。

例如,在教授振动理论的过程中,针对单自由度自由振动问题需要通过建立运动微分方程,利用高等数学的知识进行求解,然后分析数学表达式对产生自由振动的条件加以说明。这部分内容要求学生的数学功底比较扎实,但是在分析的过程中很容易就会形成"老师说是这样的,就是这样吧"的惰性思维。

"对于研究生来说,这样的教学内容真的很难对学生在高阶认知上的思维活动加以锻炼。"王科盛说,大班课堂实在难以承担"疑起来"的重要作用。因此,在小班研讨中,他采用"刨根问底"式的问题引领模式教学,通过"一问一答""一问小组答""一问程序答""一问视频资料答"等模式,解构这个比较枯燥的数学振动理论,让课堂充满"疑问"(见图4)。

图4 王科盛与学生讨论交流

在他的课堂上,怎么写微分方程不再采用书上的单一模式,也不再采用照着教材"照本宣科"的方式,而是让学生回忆动力学的牛顿定律、达朗贝尔原理、虚位移原理、功能原理，带领学生回顾本科阶段的重点知识，把这些知识"联起来"，并且用于构建振动的微分方程。这个过程形成了一个开放的讨论氛围和"大知识观"，把学生置身于整个动力学问题体系中，而不仅仅局限于振动问题。

基于此，他不再直接按照《高等数学》书上解微分方程的过程直接给出公式，而是在课堂上针对数学公式，结合振动问题的实际提出质疑"是这样的吗？"带着学生不断质疑。师生一起动手编写程序，边写程序边讨论，并且由讨论结果给出参数，直观地把数学表达式变成图像，一边分析结果，一边讨论哪一个公式是真实世界会存在的振动现象。

更重要的是，这个解构过程并不复杂，学生可以很有兴趣地开始深入思考和主动性批判。通过上述分析过程，一个振动的物理问题就与复杂的数学公式建立了紧密的关联。数学表达式就不再是生冷的了，而是开始在学生的脑海里面形成深刻的认识。

不断探索迭代："水课"变"金课"就要不断"挤水"

为了教好这门课程，王科盛从未停止探索，而是不断积累、优化升级。"刚才说的这些方法，是我经过至少四五年时间逐渐探索完善的，绝不是一下子能全部想清楚。"他说，"教学探索，与科研探索一样，没有人会告诉你应该怎么做，只能是在实践过程中多学习、多琢磨，针对学生听不太懂的地方，不断探索、不断积累、不断总结。"

由美国迈阿密大学Singiresu S.Rao教授所著的经典教材 Mechanical Vibration（《机械振动》），是王科盛经常翻阅的教科书。这本书有1 000多页，知识体系十分翔实全面，而且由易到难、循序渐进，对于本、硕、博学生来说都是很好的学习资料，对教师教学也很有帮助。王科盛经常从中借用精彩的案例，在PPT课件中链接到该书的具体位置，随时调用。

除了课本，观看世界名校的视频公开课，也是他学习借鉴、积累教学经验的重要来源。有一个假期，他专心把MIT的"机械振动"视频公开课看了几遍。他说："前人在教学方面已经做了很多有益的工作，不仅给我们提供了很好的教学素材，也给我带来了很多启发！"

王科盛引用大连理工大学原副校长李志义教授的教改论文《"水课"与"金课"之我见》说，"任何一门课程本身并没有水不水、金不金之分，列入培养方案，对学生的知识结构的形成都很重要，只是我们在教的过程中把它教成了水课或金课。打造金课，就是一个不断挤水的过程。"

高阶性课程内容建设，永远在路上。王科盛表示，研究生的小班教学不但要在形式上大步伐地实施教学模式改革，更重要的是要改革教学内容，让课堂教学可以真正支撑起高认知水平的心智活动。他说，"对我而言，打造金课就是要把'低阶课堂'改造成为'高阶课堂'，让研究生真正'研'起来！"

作者：王晓刚　毛彦义　苟灵

原载于2019年12月24日电子科技大学新闻网，有删改

小班研究型教学模式引领学生学深悟透
——记光电科学与工程学院"半导体光电子学"课程的教学改革探索

"10余年来,我一直在探寻如何上好这门课。承担一门课程的教学工作,我认为备课甚至比讲课还重要。就好比打仗,如果没有做好充分的准备,这个仗打起来肯定是无序的,更谈不上获胜。"谈到自己热爱的教学工作,光电科学与工程学院副院长、"半导体光电子学"课程负责人刘爽教授爽朗地表达了个人的观点。

"半导体光电子学"是学校光学工程专业研究生的学位基础课,刘爽领衔的课程组(见图1)致力于为研究生开展科学研究、工程应用等创新提供宽广扎实的基础理论知识,帮助学生了解光学与光电子学发展的新技术、新方法和相关物理概念,掌握基本理论的应用实例,使研究生具备基本的科研、工程创新能力,为后续创造性地研究、开发和制备各种半导体光电子器件打下专业的物理基础。

图1 "半导体光电子学"课程组做教学研讨
(左起:刘爽教授、陆荣国副教授、陈德军副教授)

把握关键一步:"备"学生与"调"内容

"备课不仅要'备内容',更要'备学生'。"刚开始上这门课的前两年,刘爽用"有点手忙脚乱"来形容当时的情境。

"备学生"就是要充分了解自己教授对象的具体情况并掌握他们的特征,为此,当研究生院启动探究式小班教学课题之初,刘爽就积极和课程组陆荣国、陈德军老师一起申报了该课题,并全情投入这一教学改革的探索中。

经过研讨,课程组老师总结出两个方面需要在教学中认识并关注:一方面,光学工程专业的研究生来自不同的本科院校,具有领域广、基础层次不均的特点;另一方面,研究生选择这一研究方向,一定是基于兴趣考量的结果,同时他们也对未来三年的发展抱有热切期待。这不仅对教师如何开展教学提出了较高的要求,更需要教师做好教学中的"穿针引线"工作。

认清教学对象的特点后,课程组又把目光聚焦到了对课程教学内容的调整上。

"半导体光电子学"课程是一门专业基础课,介绍光和物质相互作用的基本理论、典型的半导体光电子器件的工作原理、器件结构、器件特性及其基本工艺,研讨主要半导体器件的新发展与应用。

"概念多、公式多"是该课程给人的直观印象,特别是课程涉及的主要是微观粒子的运动规律,不直观、难想象,这让部分没有相关前序课程学习经历或学习效果不太好的学生望而却步。

如何解决这一矛盾?在课程内容的架构上,刘爽善于化繁就简,把握重点。

经过梳理,课程组明确了光和物质相互作用的基本理论、典型的半导体光电子器件的工作原理是课程学习的重点;半导体物理基础、半导体中的结理论等内容是课程的难点所在。

半导体物理基础章节的设置,主要是引导基础薄弱的学生快速提升,也让基础较好的学生回忆整理形成衔接;在四大典型半导体光电器件学习中,着重引入新成果、新进展;基础部分以老师讲明主线为主,学生表达理解情况;器件部分老师快速介绍结构、原理,重点阐明理论该如何应用;器件的研究发展及应用则主要由学生查阅资料、展开讨论。

开课初期,课程在内容上主要参考华中科技大学、中国科学院大学的课程,形式上以教师讲解为主;随着教学研究的不断深入,刘爽分别借鉴了美国亚利桑那大学光科学中心、英国帝国理工等同类课程的教学内容,作出大胆调整,从追求知识体系"大而全"转向讲究"小而精",致力于讲透一个知识点。

如在双异质结激光器原理中,先铺垫电子能带中各关键能量点的特点,以及电子和空穴的运动行为,再给出能带图,引导学生讨论后自行分析电子和空穴产生、输运和复合的过程,既帮助学生有效掌握相关基础知识,又启发学生在实际应用分析中加强对知识的运用。

"万变不离其宗",刘爽说把基础的东西交到学生手上,帮助学生学会最核心的分析方法，学生就能真正理解到知识的源头，对后续的光电子的所有现象做到举一反三，为未来做光通信类、光显示类、光探测类的器件打下坚实的科研基础。

变革教学模式：小班研究型课程教学获高赞

传统的"半导体光电子学"课程教学模式强调课本知识的灌输，重视理论分析和应试技能，却往往忽略了对学生技能实践、应用和创新等综合能力的培养。

"同心共振、跟上节奏"是刘爽希望达到的教学效果，她以做科研的态度，探究出小班研究型教学模式，逐步形成重点知识教师讲解、应用知识由学生讨论的研究型课程教学模式，充分体现了学校光学工程学科的内涵与特点。

如何让研究生的学习"研"起来？刘爽的做法是给学生参与的空间：放弃老师满堂灌的模式，设计环节让学生参与；给学生参与的思路：研讨内容结合课程知识、体现最新发展，让学生都有话可说；给学生参与的评价：将过程表现纳入最终的成绩，保障研讨的效果。

学生是讨论的主体，教师只是在重要方向及疑难问题上给予指引和解答，教师可以从学生的讨论过程中检测学生学习相关知识的基础情况、深度以及广度，并及时给予补充和纠正。学生之间激烈的讨论不但营造了良好的教学环境，而且在很大程度上激发了学生的学习兴趣（见图2）。

图2 学生研讨

刘爽说，这种教学模式有效解决了"研"起来的问题，有三层重要的内涵：一是探索和研究是核心；二是小班化不但为营造探讨的交流环境和学术氛围奠定了可操作的方式，且利于突出学生的自我个性、激发灵感；三是最终目的是让学生学以致用，能够独立解决实际问题，提高学生发现问题、解决问题、反思问题，进而获得触类旁通的研究学习能力。

小班研究型教学的授课团队分为授课组和助教组，教学的实施过程中由授课组老师负责课程基础的构建，给出知识构架，学生按知识图谱去扩展后再深入。

在传授完基本知识点后，就进入分析讨论的关键阶段。课程采用分组讨论的方式，将整个班级分为5~6个小组，每一组4~5名学生。教师会在每章课程开始时给学生一个讨论的主题，要求学生在课下搜集整理并分析相关资料，形成自己的观点与方案，并制作PPT，然后由授课组老师带领学生开展研究讨论。

在课后延伸方面，助教组建立了课程QQ群，在课余协助解决学生的疑问，让研讨在课后得以延续。

考核环节将过程以及学生评价纳入其中，由研讨表现、期末考试等环节组成。学生的学业评价组成为"探究"教学过程考核占50%，期末考试占50%。

这样的方式充分调动了学生的自主性，让学生深度参与到互动中，潜移默化地提升了学生的创新能力。

"我们对过程考核更加看重学生上课参与互动研究的程度。"刘爽表示，观点陈述、理解能力、语言表达和精神状态等都会是老师随堂考核的打分点，而学生互评在考评分数中占比达一半之多。

小组在课外组织调研、内部讨论、形成观点、制作PPT，课堂陈述，接受其他小组质询并辩论，考核时将过程表现纳入成绩中，通过学生互评，很好地培养了学生的思辨等能力。

"学生们很难从网上获取有关考试的内容，期末试题中分析、设计类题目都超过一半，想偷懒都困难。"刘爽笑着说。

用心用情：充分调动学生的研究热情

虽没有特别的要求，"半导体光电子学"课程在教学中，一直都注重把课程思政的内容，自觉融合到专业知识的讲解当中，真正做到"润物无声"。

在课程组看来，课程思政通过深化课程目标、内容、结构、模式等方面的改革，把政治认同、国家意识、文化自信、人格养成等思想政治教育导向与各类课程固有的知识、技能传授有机融合，实现显性教育与隐性教育的有机结合，促进学生的自由全面发展，充分发挥教育教书育人的作用。

在讲解半导体器件重要性时，刘爽就适时引入"中兴事件"，向学生传递青年的使命与担当；在讲授分子束外延设备的功能时，说明工匠精神的重要性；在讲授半导体激光器时，引入对重点核心领域"卡脖子"技术的相关介绍，激发学生们科技报国的信心与决心。

"课堂灵动，学生心动"，用心用情地投入后，刘爽的课堂给学生留下了深刻的印象。

2020级硕士研究生石宏帅说，"上了刘老师这门课后，特别是学习过前面的第一、二章内容后，发现能够提纲挈领地抓住知识主线，为后面的自主学习赢得时间。"

"老师的授课方式，很好地培养了我们听、说、读、写、辩（辨）等能力，我感到创新能力的基本素养都有所提高。" 2020级硕士研究生周至新开心地表示。

"研讨题目紧扣课程内容，起到了及时反馈知识点的作用，也让我们清楚了对知识的应用，能跟进相关器件的最新发展，而且有学生介绍的器件就是我所在课题组做过的，相信对今后的科研会有很大的帮助。"2020级硕士研究生陈青晨认为。

"经历提出问题—讨论问题—得出结论—老师讲解—解决问题的过程，课堂参与度更高了，也更能透彻理解知识；查找论文、制作PPT、课堂展示对不少学生来说都是很宝贵的经历。"这是大多数学生的共识。

近几年的课程改革后，看到学生们从刚开始的拘谨到后来的热情投入，在个人胆量、表达欲望、专业知识、工程视野等方面都有显著提升，刘爽感到特别满足。

她建议学生重视基础知识的学习和融会贯通，加强自主学习能力提升，为以后进一步学习激光物理、光电探测原理与技术、液晶光电子学、敏感材料与传感器等课程打下良好的基础。

"作为一名教师，我们对课程效果的期望是要用心对待每一堂课、用情对待每一位学生，始终以成为学生心中的好老师为追求。"刘爽如是分享。

作者：罗莎　苟灵

原载于2021年5月26日电子科技大学新闻网，有删改

提升学生创新实践能力
——记自动化工程学院在电子信息类研究生综合实践平台开发与教学设计方面的教学改革探索

电子信息类专业是一类应用现代化电子、信息、通信技术进行信息获取、处理和控制的专业，具有极强的工程应用性。该类专业所培养的研究生需要扎实掌握电子技术与信息系统设计、开发和应用知识，具备较强的解决复杂工程问题的能力，是当前各行各业急需的高层次工程技术人才。问题是，如何培养学生解决复杂工程的能力？

教改团队（见图1）负责人、自动化工程学院叶芃教授表示，学院突破了现有教学和科研资源的局限，开发建设了面向全校电子信息大类专业的创新性课程和综合性实践平台，紧跟时代和行业的发展趋势，解决了社会急需的电子信息类高层次应用型人才的培养问题。

图1　教改团队讨论

转变理念：着力共性理论与系统综合建设实践平台

电子信息行业具有实践应用性强、推陈出新速度快等特点，因而对学生工程实践和综合应用能力的培养尤为重要。而培养研究生的创新实践能力，如何实现从"理论知识被动接受"到"实践技能主动学习"的模式转换十分关键。

解决实际问题的能力需要在实际的科研项目研发过程中得以锻炼，并积累相关设计及调试经验。然而长期以来我国研究生教育形成了"理论教学为主、实践教学为辅"的培养模式。实践教学环节的相对薄弱，使当前电子信息类专业研究生缺乏系统的实践能力培养。

即便学生在导师所在的教研室课题组有一定机会参与项目实践，但不同导师存在承担科研项目的差异，对研究生缺乏系统和基本实践技能培养，导致学生在电子信息专业基础技能培养方面参差不齐。

而且，电子信息类专业研究生所需掌握的现代电子技术理论及其系统设计的原理和方法非常多，单一课程的实践教学环节往往都侧重于某些理论的验证或某单一器件的功能应用，使得实验所涉及的知识点较为零散，缺乏系统性，无法涵盖一个完整的电子系统。

因此，结合电子信息类专业的共同特点来探讨研究生综合实践平台的开发与教学设计，建设面向电子信息大类专业的创新性课程和综合性实践平台，成为培养社会急需的电子信息类高层次应用型人才的重要条件。

针对这种情况，自动化学院以综合性、系统性项目为主线，聚焦关键环节的设计与实现，激发和引导学生开展课后实践，培养学生的系统思维方式，并帮助学生逐步建立综合系统能力、交叉复合能力，为成为高层次电子信息类高层次应用型人才打下基础，还可以为其他研究生实践教学课程提供参考和借鉴。

据教改团队高级工程师邱渡裕博士介绍，团队新建了电子测试技术研究生实践基地，综合开设了"高速数据采集及处理技术""现代时域测试""时域测试技术综合实验"三门课程。其中"时域测试技术综合实验"自2013年开课以来，每年选课学生约230人，受益研究生累计超过1400人，且课时量和选课人数逐年增加（见图2）。

同时，"时域测试技术综合实验"网络在线课程（MOOC）于2016年上线，并入选全国工程专业学位研究生教育指导委员会发布的第一批"全国工程硕士专业学位研究生教育在线课程建设项目"。学生毕业后，成为华为、中兴、大疆、展讯等行业龙头企业青睐的优秀人才。

图2　学生综合实践

完善体系：形成"多层次、多方向"的实践教学体系

创新性课程和综合性实践平台首先依托电子测试技术与仪器教育部工程研究中心的科研成果，融合电子信息领域通用的工程实践案例和前沿技术，为研究生培养模式转换提供平台支撑。同时，依托国家技术发明奖实现科研成果向实践教学的转移，增强了教学内容的实用性和前瞻性，让学生能够掌握最新的技术和行业应用。

经过不断探索，最终形成了"多层次、多方向、多形式"的实践教学体系。该体系突出信号获取与处理技术、电子测量技术应用、电子测试仪器设计为重点内容，将实践任务划分为"应用层""提高层"和"项目层"三个层次。

其中，"应用层"重点了解数字示波器、逻辑分析仪、频谱分析仪等典型信号获取与处理中电子测量仪器的软、硬件设计方法，包括测试仪器的电路设计方法、原理图设计、PCB设计等内容。该部分实践任务主要在校内完成，由企业方和校方人员共同参与该层次的具体培训工作。

"提高层"在应用层的基础上，针对具体的电子测试仪器进行子系统模块的设计，使学生对电子测量技术及测试仪器有更深层次的认识。该层主要在企业中完成，由企业设立相应的实训岗位，并为每位实训学生配备相应的指导教师。

"项目层"针对企业实际科研项目进行实践培训，要求学生真正参与到项目中，使学生在步入社会之前尽早地接触科研项目，为今后的发展打下坚实的基础。该层主要在企业中完成，由企业设立相应的实训岗位，并为每位实训学生配备相应的指导教师。

通过这三个层次的循序渐进，可以充分调动学生的学习积极性，培养学生的工程探索和创新能力。在这个体系基础上，进一步开展多方向培训结构，突破了传统的验证型实验，设计了涵盖知识面广、具有专业深度的综合实验，激发学生创新思维，提高其实践能力。

以电子信息行业为大方向，在企业中根据具体的应用方向设立若干小方向，构建多方向的培训结构，突破了传统课程的设计理念，创新实践课程形式与内容，面向不同专业和不同层次的学生，分阶段开设了一系列创新性课程。

在培训手段方面，通过校企联合共建实践基地和研发中心等多种形式，实现了学校教育管理、师资力量和企业实训场所、技术指导等优势资源的强强联合。同时，秉承"请进来、走出去"的校企合作理念，不断跟踪、了解及研究企业的需求，增强学生的动手及实践能力。

项目驱动：把团队的科研优势转化为育人优势

为了助推教学改革不断深入，教改团队还借助电子测试技术教育部工程研发中心的前沿科研优势，并发挥多年与企业合作的产品研发经验，开发了一套以工程应用创新为导向

的现代电子系统综合实践平台。

据教改团队高级工程师蒋俊博士介绍，该平台以现代电子测试技术为核心，融合信号产生、信号获取、信号处理、多器件应用、计算机操作系统编程等多方面的电路理论、硬件设计、算法、软件技术，可构建出一个较为综合的电子系统设计创新实践体系，包括现代电子系统的验证测试（MESVT）与设计创新（MESDI）两个功能模块（见图3）。

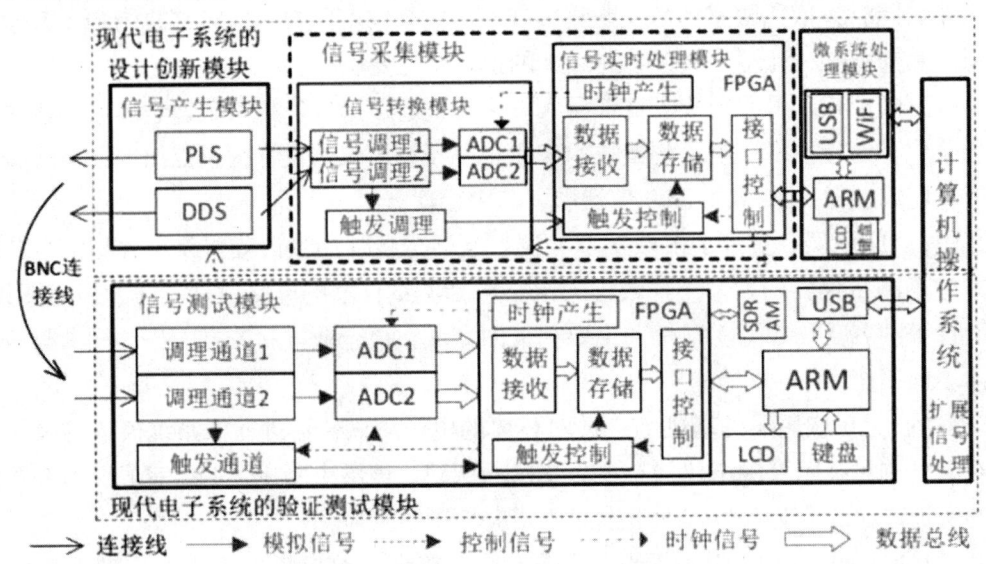

图3 现代电子系统综合实践平台设计方案

其中，现代电子系统的验证测试是一个相对独立的信号获取与处理模块，具体包括模拟信号调理（放大、衰减、运算等）、模数转换、时钟产生、数据接收、数据存储、触发控制、数字信号处理、显示与人机操作等功能，而且能通过USB接口将采样获得的数据上传至计算机操作系统中进行扩展的数字信号处理。

它具有两个重要功能：一是用于信号获取与处理过程中原理性的验证，为设计创新模块提供一个展示性的范例；二是在进行电子系统设计创新时它可以作为一台高性能的示波器来使用，配合设计创新模块进行信号测试来完成系统设计的调试与验证。

现代电子系统的设计创新是一个由多个可扩展子模块组成的电子设计创新系统，如信号产生、信号转换、实时处理、微系统处理等子模块。该平台摒弃了单一理论验证或器件应用的做法，从该类专业共性的电子技术出发，更加注重实验平台对知识应用的系统性与创新性。

为了让学生能够充分体验到实践过程，整个平台采用模块化设计，配合亚克力面板以全透明的方式展示实验过程的每个环节，并在合适的地方设置对应的测试点。另外，尽可能在满足实验内容的前提下降低平台价格，使得每个学生能够拥有一个独立的实践平台（见图4）。

图4 研究生综合实践平台PG1000A平面图

创新实验：把理论与应用紧密结合

有了良好的实验平台之后，实验课程内容的设计成为关键。为了改变以往实验课程中学生积极性、自主性难以发挥的局面，教改团队面向不同专业、不同层次的学生，从多角度、分阶段来设计实验课程内容，突出综合应用、自主设计的课程思想。

具体课程内容设计实例包括综合实践平台原理验证实验、器件开发环境实验、信号产生实验、信号调理与采样实验、信号处理扩展应用实验、数据实时处理实验、数据传输实验、触发实验、在线控制与数据处理实验等。

以综合实践平台原理验证实验为例，它可以帮助学生熟悉平台中信号产生、调理、采样、存储、处理等过程的基本原理；使用预设定好的程序（下载至MESDI模块中的ARM和FPGA）并调节输出对应幅度与频率的信号，通过连接线送至MESVT模块中进行信号观测；在观测信号时，学习时基、幅度和触发的信号调理与控制流程，体会信号获取与处理的每个环节，学会利用电子测试仪器进行复杂信号的观测与处理。

器件开发环境实验可以使学生熟悉该平台核心器件的开发软件环境，包括FPGA开发的ISE/VIVADO和ARM开发的KEIL；该实验通过设计独立的小功能实现来熟练掌握开发环境和编程语言（HDL和C语言）的基本应用与调试手段，例如在FPGA中利用外部时钟产生分频计数点亮外部LED，或者调用内部的时钟管理器（DCM）IP核来产生特定的频率信号并输出至MESVT模块进行测试，在完成这项功能控制时需要进行ARM的C语言编程；通过这些训练，不仅要掌握工程开发工具的基本应用，而且还会利用这些工具进行举一反三，实现较为复杂的新功能设计。

叶芃表示，这些实验课程内容仅包括了部分较为重要的知识点实验，在实际课程开设过程可以根据不同层次、专业和课时的具体情况对这些实验内容和难度进行适当的增减，也可以结合特定的专业方向完成一定的创新性拓展实验或者自行设计具有新功能的电路模块。

三位一体：由浅入深引导学生的创新思维

如何突破传统课程的设计理念，创新实践课程形式与内容？叶芃表示，团队从工程需求引导、理论关联分析、应用设计探索三个方面构建了一个综合创新的新"三位一体"的教学模式，通过实验由浅入深，让学生能够更深地理解知识、关联知识、应用知识，并能够体会知识应用的创新意识。

在实施过程中，实验教学团队必须具备深厚的理论和实践教学的功底，而且实验设计的教师需全程参与整个实验的教学环节，在工程需求和理论关联上给予必要的分析，重点放在应用设计上指导学生进行规定实验内容和调试过程；之后应引导学生学以致用，举一反三，进行开放性的拓展实验。

为了使得课程适用于不同专业、不同层次的学生，在课程内容和难度上需拿捏得当，可分别开设基础性或挑战性课程。由于拓展性实验具有非常强的不确定性，所以学生做实验的时间不能局限于课堂上，可以在课下进行自行设计，然后在实验室的公共开放时间进行调试验证。

为了确保课程设计的高质量并扩大覆盖范围，教改团队成立了一个由9名来自科研一线且具有高级职称的教师所组成的课程组。根据不同专业层次的学生，分别设计了难易不同的实验内容，并编制了对应的讲义与课件。

在实践授课阶段，尽可能地扩大教学的互动环节，及时了解学生对知识的理解程度。以实践目标为指导，团队引导学生进入自主设计开发的思维，激发学生的创新意识，一步步体验并完成技术开发与实现的整个过程。

据统计，教改团队自2011年着手开发基于时域测试技术的电子信息类研究生综合实践平台，并于2012年开设了"时域测试技术综合实验"的全校研究生公选课（见图5），实行小班教学，确保每两个研究生都有一套完整且独立的实践平台，至2017年共培养了约1440名学生。该课程入选2016年第一批"全国工程硕士专业学位研究生教育在线课程重点自建项目"，适用于电子工程、控制工程、通信工程、仪器仪表工程等专业研究生的培养。

图5 "时域测试技术综合实验"网络在线课程（MOOC）

同时，该实践平台于2018年上半年开设了"高速测试技术综合实验"的全校研究生公选课，但为了增加每个学生独立的实验思考空间，在实行小班教学的基础上，把教学班分成了基础班和挑战班，并缩小每个教学班至30人，共培养了约240名学生，显著地提升了研究生的科研实践能力。

目前，团队在推广应用方面取得了突出成果。例如，自行开发的"测控技术与嵌入式系统研究生实践平台"和"高速数据采集与测试技术实践平台"通过校企合作产品化，累计生产500余套，成功推广到哈尔滨工业大学等多所电子信息类高等院校。叶芃表示，希望这门课程改革的实践，可以惠及更多成电学子，并为提升国内兄弟高校的研究生培养质量做出更大的贡献。

作者：王晓刚　苟灵

原载于2020年01月02日电子科技大学新闻网，有删改

服务智能制造,培养创新人才
——记自动化工程学院"机器学习"课程的教学改革探索

当前,人工智能成为引领新一轮科技革命、产业变革、社会变革的战略性技术,正在对经济发展、社会进步、国际政治经济格局等产生重大深远的影响(见图1)。而机器学习是人工智能的核心技术之一,也是现代智能系统的关键环节和瓶颈。

图1 "机器学习"课程PPT(1)

什么是机器学习?简单来说,它主要研究的是如何使用计算机来模拟人类的学习活动。目前,机器学习已广泛应用于智能制造、医疗诊断、智能交通和服务机器人等诸多领域,但仍处于起步阶段。

自动化工程学院郝家胜副教授所开设的"机器学习"课程,立足于学院和学科特色,通过有机整合教学内容、设计多元化教学方法、结合实际应用案例,将交叉复杂、理论要求高、应用性强的机器学习理论知识真正转化为实际可掌握的方法,提高学生的机器学习应用能力,助力培养未来人工智能领域的创新人才。

立足新时代：土壤优厚，意义深远

2020年1月，教育部、国家发展改革委、财政部印发了《关于"双一流"建设高校促进学科融合 加快人工智能领域研究生培养的若干意见》（教研〔2020〕4号），要求构建基础理论人才与"人工智能+X"复合型人才并重的培养体系，着力提升人工智能领域研究生培养水平，为国家发展战略提供更加充分的人才支撑。

郝家胜认为，机器学习技术是发展人工智能的关键技术之一，是我国实现中国智能制造的重要环节。早在2014年，郝家胜就开设了"机器学习"这门课程（见图2），刚开始是作为学院研究生的专业选修课，几年下来选课的人越来越多，不仅有本学院的，还有其他学院的研究生，甚至还有本科生和博士生也来听课。对此，郝家胜感到很高兴，"这说明学生们认识到了机器学习对于未来发展的重要性。"

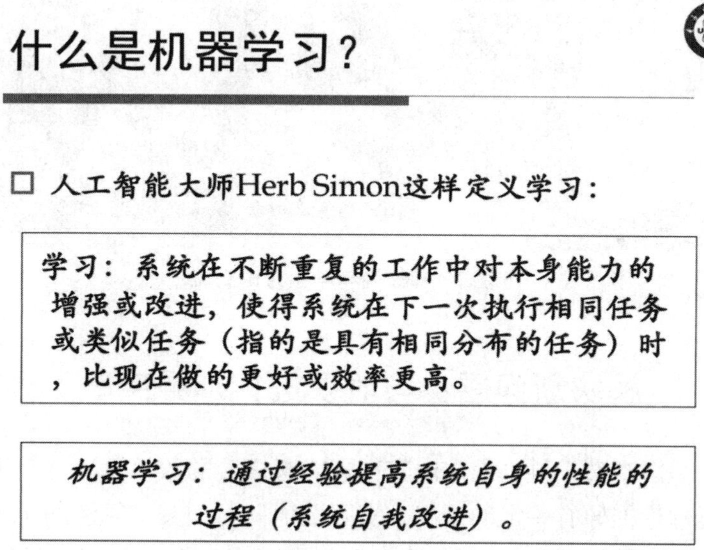

什么是机器学习？

□ 人工智能大师Herb Simon这样定义学习：

> 学习：系统在不断重复的工作中对本身能力的增强或改进，使得系统在下一次执行相同任务或类似任务（指的是具有相同分布的任务）时，比现在做的更好或效率更高。

> 机器学习：通过经验提高系统自身的性能的过程（系统自我改进）。

图2　"机器学习"课程PPT（2）

当前，我国拥有其他国家难以比拟的数据规模，这为机器学习提供了良好的发展土壤，也给学生提供了更多的学习资源。郝家胜笑着说："以前我们上课只能学英特尔、谷歌……但现在可以学华为，学咱们自己的软件系统。"

按照传统思维，机器学习应该属于计算机方面的课程，那么在自动化学院开设"机器学习"有怎样的独特性和优势呢？在郝家胜看来，机器学习经过60余年的发展，从模型到软件，已经有了一定的基础，现在最重要的是应用的阶段。"如何把机器学习的理论和模型落到实地，真正解决问题，这正是自动化的强项。"而且现在制造领域有一些问题采用传统的方法并不能很好地解决，必须依赖于机器学习方法，从大量数据当中去找到一些新的思路和方案。

结合控制工程学科的人才培养目标和人工智能发展与应用的需求，这门课程以机器学习的基础理论、经典模型和前沿方法在机器人智能化等领域的实际应用需要为出发点，注重知识点覆盖面和相关逻辑关系，将理论学习与实践应用案例很好地结合起来。"我们更关注的是应用。机械学习的方法模型可能上千种，但是面对一个具体的问题的时候，如何收集数据，如何选用合适的模型来分析数据，从而能取得好的效果，这是我们最希望能教给学生的。"（见图3）

图3　郝家胜与学生讨论交流

解决新问题：与时俱进，加强实践

机器学习是一门交叉学科，很多内容都需要有一定的数学基础，对于很多自动化专业的学生来说进行理论推导有一定的难度，实际上他们更加关注算法的实用性，但是如果课程讲授忽略算法背后的数学理论又会使得课程达不到应有的深度。如何平衡实用性与深度，设置科学合理的体系？机器学习技术发展迅速，如何能让课程内容跟上时代发展？这是郝家胜一直在思考的问题。

在宾夕法尼亚大学访学期间，郝家胜跟踪学习了 Dan Roth 教授主讲的 *Applied Machine Learning* 课程。他发现 Dan Roth 教授在授课过程中主要介绍一些在实际应用中被证明是有价值和成功的关键机器学习方法，并组织学生讨论机器学习中的一些基本问题，给出在自然语言和文本理解、语音识别、计算机视觉、数据挖掘等应用领域中获得成功性能所需的主要范例和技术。他还研究了斯坦福大学 Andrew Ng 教授主讲的"机器学习"课程。郝家胜感觉国外名校普遍采用了研究型教学模式，除了讲解机器学习的基本原理和关键方法外，善于恰当引入相关案例，并设计难度适中的课程设计，从而激发了学生的学习兴趣，学生参与课堂的意识强烈，教学效果很好。

结合在国内外高校调研过程中学到的好的经验，郝家胜对课程进行了改革探索。他结合机器学习前沿发展方向的理论和方法，引入相关机器人应用的具体案例开展应用教学，让学生在掌握机器学习的基本原理、关键方法、前沿方向基础上，重点培养机器人应用相关创新能力。在课堂上，他会引入先进机器人应用的具体案例，也会结合自己的研究，介绍机器学习的原理和应用实践。为了活跃课堂气氛、激发学生兴趣，郝家胜在教授理论知识的过程中，还会穿插一些新鲜的、有趣的相关故事。他举例道，在课堂上他和学生们分享过，有团队能够通过人工智能技术改变绘画的风格，比如把一个水墨画的风格迁移到另外一幅油画上去。还以"头条App"为例，告诉学生们简单的原理实际上有时也能解决比较复杂的应用。"比如头条App的文章的分类，以前是由人工编辑对文章进行分类。但是在今天的自媒体时代，庞大的文章数量显然没有办法依靠人工高效率完成分类，这就需要交给机器。而且其实这背后的方法可能很简单，甚至是高中学的余弦定理就可以解决。"

同时，郝家胜也注重引导学生主动思考并将理论学习与实践相结合。在课程的每个章节，他都设置了研讨内容，让学生参与到讨论中，主动思考、主动学习（见图4）。同时，他将知识应用作为对学生的考核方式之一，给学生布置"大作业"。通过指定数据集，让学生挑选感兴趣的题目进行实践操作，最终形成报告。在这个过程中让学生将抽象的机器学习理论应用到具体实践中，增进对知识的理解，提高动手能力。

图4　郝家胜指导学生学习

培养新人才：立鸿鹄志，做追梦人

"老师讲课的逻辑很清晰。我记得他在课上用树形图向我们展示机器学习的系统知识，让我印象很深刻。"

"老师上课幽默、有激情，还很注重调动大家听课的积极性，时不时地提问，还经常穿插讲解一些与机器学习相关的课外知识点。"（见图5）

"机器学习的内容本身是比较枯燥复杂的，但是老师总会用一些比较形象生动的例子去阐述理论知识，让原本比较难消化的内容变得易于吸收。我觉得只有老师对该领域有比较深刻的理解才能达到这样的效果。"

"自从学习了这门课程，明白了机器学习是做什么、怎么做的问题，对我学习其他课程有很大的帮助。"

……

图5　郝家胜课堂授课

精心设计的课程内容和郝家胜对讲台的热爱，让"机器学习"这门课程收获了学生的好评。2020年疫情上网课期间，郝家胜还"动不动就收获一阵一阵鲜花"。

除了把知识讲透彻，在课堂教学之中，郝家胜还把家国情怀、社会责任、文化自信等思政元素融入其中，激励学生们立鸿鹄志、做追梦人。

比如为了帮助大家更好地理解什么是机器学习，郝家胜会举这样一个例子：在新冠疫情早期，大家都对这种病毒产生了许多疑惑：它的源头是什么？它是如何进行演化的？中国的病例与欧美的病例有什么区别？……这些都是机器学习应用的经典场景和正在努力进行的研究。通过对基因进行提取分析，我们获得了大量的数据，但由于数据的体量过于庞大，很难通过人工观察得出结论，而机器学习则可以让我们利用计算机在数据中去观察、寻求答案。他还会以参与"战疫"的各种机器人项目为例，引导学生树立科技报国的担当意识。

在授课过程中，郝家胜也会常常与学生们分享人工智能领域优秀科学家的故事，鼓励学生以他们为榜样，刻苦学习，勇攀人工智能科技高峰。郝家胜说："在机器学习相关的一些国际学术会议和期刊上，中国学者发表文章的占比越来越大，说明我国近年来在这个领域已经逐步跟上，甚至是超越，这些变化对于学生也有很大的激励效果。"

　　谈到未来的课程建设，郝家胜希望进一步优化课程内容，设计出更好的教学方案，包括知识点引入方式、应用场景、讲授方式、互动环节、机器人案例、课下创新实践题目等，让学生真正学懂弄通；依托学校机器人研究中心的实践系统平台，为学生创造更多的实践机会；邀请更多专家学者或创业精英进课堂，分享人工智能领域学术前沿和创新创业动态，开阔学生视野，激发学生应用创新……肩负育人的初心和使命，他希望通过孜孜不倦的努力，为国家培养更多用新方法解决新问题的创新人才。

作者：许莹莹　钱俊衡　何乔　苟灵
原载于 2021 年 3 月 29 日电子科技大学新闻网，有删改

不断"加餐",引导学生自由汲取学术"营养"
——记资源与环境学院"遥感图像处理"课程的教学改革探索

"选择一副合适大小的彩色图像,对其进行 non-local means filter 去噪处理。"给研究生留这样一道课后题目,然后列出 2005 年发表在 *IEEE International Conference on Computer Vision and Pattern Recognition* 上的图像处理领域经典文献,让感兴趣的学生自己练手。

这样的情景,在资源与环境学院陈奋副教授(见图1)的"遥感图像处理"课上十分常见。他经常给学生们讲解一些课本上没有的图像处理算法,展示图像处理前后的神奇对比效果,并列出经典的或者最新的参考文献,让学生不禁想自己找张图尝试处理一下。

图1 陈奋副教授

讲授"遥感图像处理"课程已有七年之久,陈奋把长期积累的科研素材充实进课堂教学中,为学生准备了丰富的学术"自助餐"。这给学生留下了深刻印象。有的学生总结说:"陈老师上课,经典文献多,趣味图片多,好玩的题目多,他不断给学生加餐,让学生自主选择、自己动手。"

课程融合：为"信息地学"再添注脚

最近十余年来，各国航空航天领域特别是对地观测领域快速发展，遥感数据获取和处理能力已成为国家实力的标志之一。在科学研究和应用实践中，遥感图像处理技术是发展遥感理论方法和提高遥感数据应用效果的关键。这一要求体现在研究生培养中，关键是要通过遥感图像处理来夯实研究生的专业基础知识、提高实践能力、激发学术创新、拓展科研思维。

自2011年以来，资源与环境学院面向测绘科学与技术学科学术学位硕士研究生和电子与通信工程领域专业学位硕士研究生开设了"遥感图像处理"专业选修课。该课程较好地从数字信号处理的角度贯穿了遥感数据处理算法的数学原理的介绍和理解，也更强调对遥感数据的动手编程的环节，巩固了学生的基础，增强了学生的动手实践能力。

经过9年的发展，该课程已形成了较为成熟的教学模式和课程材料，有助于进一步促进测绘遥感类课程的融合，践行学院"电子信息"与"地球科学"深度融合的育人理念。陈奋表示，该课程不仅能面向测绘科学与技术专业和电子与通信工程领域的研究生，还能够直接辐射推广到其他专业涉及遥感数据处理工作的研究生，从而培养出跨学科的创新人才。

出乎其外：超越教材扩展学术视野

据陈奋介绍，把遥感图像处理和数字图像处理结合起来，主要有两方面的考虑。一方面，大量的遥感数据都是数字图像，因此，遥感图像处理的基础就是数字图像处理，如果学生的数字图像处理基础扎实，在学习遥感图像处理时就会得心应手。另一方面，选修该课程的研究生，除了遥感专业，还有来自信通、电子、数学等其他专业的学生，有的学生可能在本科阶段没有学习过数字图像处理，因此，需要在学习遥感图像处理时补上这部分重要的内容。

为了把两门课程很好地融合在一起，陈奋把遥感图像处理和数字图像处理领域的两本经典教材融合起来讲，内容交叉，入乎其内、出乎其外。为了讲清楚遥感图像处理，他经常采用数字图像处理中的经典案例，更能调动学生的兴趣。

在此过程中，针对"教学内容较多和学时有限，课程中给学生预留的研讨时间较少，对最新文献的介绍和讲解不足"等问题，他还优化课程教学模式、深化课程教学内容，使课程所涉及的知识点既有广度又有深度。同时，他不断增强课程与本学科前沿、跨学科前沿的关联，为学生推荐最新的研究成果或文献。

由于教材的知识体系性较强但内容更新较慢，因此，他经常超出教材范围进行拓展。有时候他会引用论文，详解教材中没有推导的公式；有时候他会对比最新算法与传统算法在图像处理方面的效果；有时候，他会用一节课的时间专门讲一种经典算法，并现场演示给学生看。

"近一二十年，数字图像处理领域涌现出了很多新算法，效果比一些传统算法要好很多，我在做相关研究时就感到很有必要把这些算法应用到遥感图像处理，并介绍给我的学生。"陈奋说，"我上课的方法主要是扩展内容，或者为学生推荐相关的和前沿的学术论文。"

精彩案例：激发学生自己动手实现算法

为了调动学生的兴趣，陈奋会在课堂上展示很多好玩的案例，以图切入，引出图像处理的原理和算法。

有的噪声图片（Noisy Image）的噪声达到70%，看起来就是一堆细碎的马赛克斑点。陈奋问学生们："图片中是什么？"学生们猜不出来，他再展示用新的脉冲噪声去除算法进行处理的结果，图片显示出来，原来是一位影视演员。

他进一步提高难度，用该算法处理噪声达到90%的图片，显现出清晰的标准测试图Lenna的头像（见图2）。正当学生们觉得不可思议的时候，陈奋调出一篇2005年的文献，并告诉学生们："这个算法此后还有新的优化改进，处理的效果更好，希望感兴趣的学生查找更多相关文献，进一步深化研究！"

Noisy Image（90%）　　　　　　　　New Algorithm

图2　脉冲噪声去除方向新的图像滤波处理算法的效果

有的图片因为拍照时相机抖动造成模糊，陈奋说，如果知道相机抖动的"轨迹"，就可以用传统的算法复原图片。但如果不知道抖动轨迹，怎么解决呢？他调出一篇2013年的论文说："采用这个算法，可以比较精确地估计出相机抖动的轨迹，更便捷地解决这个问题！"

在讲解TM图像时，他常故意设问："这个遥感图像的空间分辨率是30米，但为什么我们能够清晰地看到小于10米的道路或桥梁？"（见图3）通过一番讲解，他告诉学生们，"实际的图像中能够被检测出来的最小目标物，不仅与遥感图像的空间分辨率有关，还与目标和背景的辐射对比度相关。"

图2　Landsat TM伪彩色图像中，人们通常能看到小于10米的道路或者桥梁

每个案例的后面，陈奋都会列出参考文献，有时一篇，有时数篇。学生被很有趣味的图像处理案例调动起兴趣后，就会自己在课后阅读这些论文，按照论文中的方法进行实验，很有获得感。

因材施教：鼓励学生结合兴趣研读前沿成果

陈奋表示，这门课程不仅要让学生了解遥感图像的获取、存储、处理等基本技术，理解遥感图像各种成像模型、辐射模型、光谱变换、空域和频域增强处理、校正与定标、融合和图像分类等技术的基本原理，还要能结合高级程序设计语言和遥感图像处理软件解决实际问题。也就是说，学生不仅要理解理论，还要动手编程。

这门课程中，陈奋共设置了11个"规定动作"的题目，要求学生必须动手做。例如作业八是"读入一幅图像，采用一个高斯型点扩展函数对其进行模糊处理。对模糊后的图像添加一定的加性高斯白噪声。采用维纳滤波算法对构造的带噪声模糊图像进行复原处理，并比较采用不同的正则化参数得到的结果。"他还特别要求："维纳滤波的计算公式部分要求自己编写代码，不允许使用MATLAB/IDL自带函数。"

作业九是"阅读文献C. Tomasi and R. Manduchi, Bilateral Filtering for Gray and Color Images, Proceedings of the 1998 IEEE International Conference on Computer Vision。选择一幅彩色图像，进行Bilateral filtering处理"。其余的案例和算法，属于"自选动作"的题目，他会列出文献，让感兴趣的学生自己探索。

这些作业构成了课程的平时成绩。期末怎么考核呢？近年来，他改变了传统的统一考试的方式，而是因材施教，让学生结合自己的兴趣或者科研任务，选择一个与遥感图像处理相关的研究方向，查找相关的最新文献，写一篇该方向的研究综述，引导学生把图像处理领域的前沿成果应用到自己的研究领域当中。他还规定：必须寻找最近十年的研究成果，而且必须是从遥感领域和数字图像处理领域的顶级刊物上寻找。为了便于学生搜索文献，他在遥感领域和数字图像处理领域分别列出了10种期刊的名称，并列出了ICCV、CVPR、SIGGRAPH等6个顶级国际会议。

"学生的专业背景不同，这样考核更灵活、更个性化，有利于学生找到自己的兴趣、发挥自己的长处。"陈奋说，"为了把一个问题梳理清楚，学生必须有效查找不少于10篇论文，而为了筛选出这10篇论文，学生至少要阅读几十篇论文，这样很有助于扩展学生的学术视野。"

通过为学生"加餐"，这门课程在教学模式上基本实现了教师讲授、课程主题研讨等多种形式的交叉融合，在考核形式上实现了课后实践作业和课程论文相结合，从而加大了学习的强度，在课程内容上加大了深度、加强了前沿文献的阅读，能够及时反映本学科的最新研究内容和科学技术问题。

陈奋表示，最令自己高兴的就是看到越来越多的学生愿意在课后寻找文献，自己动手实现一些有趣的算法——自主学习，这是作为老师梦寐以求的教学效果。

作者：王晓刚　苟灵
原载于2020年10月15日电子科技大学新闻网，有删改

算法的精义是"无招胜有招"
——记计算机科学与工程学院"算法设计与分析"课程的教学改革探索

"如何利用有限的计算资源对计算问题进行求解?"这是计算机科学与工程学院副院长肖鸣宇教授(见图1)钻研科学问题的理念。"如何让学生掌握算法的精义,达到'无招胜有招'的境界?"这是他针对研究生的培养和教学理念。

图1 肖鸣宇教授

为研究生讲授"算法设计与分析"课程,让学生明白算法的奥秘,依然是肖鸣宇教学的初心和梦想。在讲课时,他会教给学生们具体的某种算法,但是,他并不希望学生只局限于具体的算法。

科教融合提升含金量,"算法"成为抢手课

"算法设计与分析"是计算机科学与技术专业、网络空间安全专业的核心基础课,也是软件工程专业的专业选修课。从2014年开始,肖鸣宇就为研究生开设了这门课程,很快就成了最受学生欢迎的课程之一,也是计算机专业最难选的课程之一。

肖鸣宇十余年来一直从事算法与计算理论方向的研究，在精确算法、参数算法、核心化算法、近似算法、组合优化等方面取得了系列重要科研成果。他从计算问题解空间的结构出发，探索计算复杂度的上下界，提出了一系列新的算法分析与设计技巧，丰富了算法设计的理论体系，对进一步理解计算的本质做出了重要贡献。

例如，在精确算法上，他为"最大独立集问题"设计了当前最快最精确的算法，突破了30年无人能改进的时间运行界限；在参数算法上，他为10余个基本NP难问题设计了当前最优的参数算法，其中两项结果被参数算法领域的会刊《参数计算快报》收录；在图优化分割方面，他解决了一个10余年的公开难题，为"超图多块优化分割算法"提供了理论保证。

这一系列基础算法的研究成果，不仅已经应用到了医学、生物计算、社会计算、网络、VLSI等领域中，解决了很多实际问题，而且也融汇到了他的课程内容当中，实现了"科教融合"，转化成为培养学生、启发学生、拓展学生思维、提升学生创新能力的"营养大餐"。

肖鸣宇认为，计算机具有强大的编程功能，是与其他大机械学科（如汽车、航天等）存在差异的本质特点，而算法是编程的核心。但编程与算法并不完全相同，与编程相比，算法更强调思维的逻辑性、严谨性及计算的方法。

因此，他对这门课程的定位是，"更多讲述算法思维的传授与练习，更有逻辑、更严谨地对计算机的优点进行有效利用"。开课6年以来，学生对这门课的反馈很不错（见图2），上课时出勤率高，毕业时找工作、接受面试，学生表现出具有较强逻辑性的算法思维，更容易受到用人单位的青睐。

图2 肖鸣宇为学生上课

算法思维才是最核心，得其"意"而忘其"形"

大部分算法教学，都将算法与技术相提并论，认为不管什么样的程序，只要能执行就可以，甚至可以机械地代入已知的算法解决问题。然而，肖鸣宇却认为，在教授"算法设计与分析"这门课程时，不应该把算法当作具体的技术向学生传授，而应当作一种艺术来让学生"心领神会"。他说："要让学生学习算法时体会到艺术的美妙！"

然而，难点在于，怎样让学生站在更高的层面理解这种"艺术"。肖鸣宇认为，学习具体的算法就像在学习"武功"的"一招一式"，如果机械地学习算法，在"临阵对敌"时只能机械地生搬硬套，不能做到随心所欲、见招拆招。与武侠小说中的"武功心法"一样，只有实现了从"有形"到"无形"的转变，才能达到从"有限"到"无限"的境界提升。

因此，在上课时，他不断提醒学生，算法不是一门技术，并不是学会了一种算法就可以解决很多问题，甚至在大多数时候，学会一种算法只能解决一个问题。掌握了几种算法，可能只能解决已知的几个问题，而我们要面对的却是更多的未知和挑战，尤其是层出不穷的新现象、新问题，这就需要我们忘记招式，理解算法的本质。

肖鸣宇说，学生要转变观念，需要一个过程。很多学生起初并不习惯这样的教学方式，因为在传统的学习观念中，似乎只要把知识点背熟，把命令记熟练，就可以解决问题了。但是，他告诉学生："即使把整本书背下来，考试时可能依然无法顺利解题！"

比如学生在学习"贪心算法"（Greedy Algorithm，又称"贪婪算法"）时，即使学习了四五个"贪心算法"，并且老师在出题考试时标明要使用"贪心算法"，学生也无法圆满解决。这是因为，"虽然这类算法都叫'贪心算法'，但不同问题有不同的性质，需要用不同的策略解决问题。"

因此，在教学过程中，肖鸣宇一方面从知识的角度，帮助学生掌握一些经典的算法，如"排序算法""最短路径"等；另一方面从思维培养的角度，用严谨的数学推理，培养学生举一反三的思维能力。有的学生带着这种思维研读经典论文，甚至发现了其中的不足。

课堂教学需要下功夫，通俗易懂妙趣生

在教学过程中，肖鸣宇基于国外经典教材，如美国康奈尔大学的《算法设计》，建立了教学主线。这部教材从算法思维出发，章节安排很有逻辑，是他多年来一直使用并觉得很不错的教材之一。

在此基础上，他不断尝试教学改革，一方面使课程更多地与学术研究挂钩，让学生在研读论文时，领会如何把算法与自身的研究结合起来，在自己的研究中高效利用算法；另一方面，他从思维改变的角度，改变原来算法教学中抽象的部分，运用"可视化"的动画

把一些算法流程呈现出来，让学生更容易理解。

例如，在讲解经典问题"稳定匹配"时，他形象地把问题转化为"一个男孩挨个儿向女孩们求婚"的故事。这个问题描述的是：有 N 位男生和 N 位女生最后要组成稳定的婚姻家庭，求偶配对之前，男生和女生在各自的心目中都按照喜爱程度对 N 位异性有了各自的排序，然后开始选择对象，最终要达到所有配对稳定的情况（见图3）。

图3 通俗讲解"稳定匹配"问题

在这里，肖鸣宇运用动画的形式，演示了算法如何在"稳定匹配"问题中实现了"非诚勿扰"的效果，使课程教学更具艺术性，妙趣横生，学生学得津津有味。除此之外，他还用动画形式直观地展示了"冒泡排序"等算法问题。

当然，除了讲课的方法之外，对学生的激励也十分重要。肖鸣宇在第一堂课上，常以学生考研奋战的图片激励他们："不要忘记自己考研时的激情！"（见图4）另外，他还会介绍往年选修这门课的学生如何成长为大牛"学霸"，并列出详细的"光荣榜"刺激和鼓励学生，"要像他们那样追求优秀，你也可以这样优秀！"

图4 用考研奋战的图片激励学生

肖鸣宇以"立德树人"为根本，活跃在教学一线，取得了一系列优秀的教学成果：每年坚持开研究生课程，年平均课时超过100个，每年研究生课程教学评价均为优秀。他积极探索新工科背景下的复合型人才培养和拔尖人才培养，主持教育部和四川省教改项目各1项，获得国家级实验教学示范中心一等奖；他培养的学生连续两年获得IEEE极限编程全球第2名、荣获ACM程序设计竞赛世界总决赛第13名。

"肖老师把理论和实例结合起来，让我们掌握了算法的思想精髓。他还引导我们自主探索、合作交流，激发我们对算法的兴趣。"计算机学院2019级研究生胡珊表示，"通过这门课程，我学会了很多新知识，更重要的是，我学会了从不同角度思考问题！"

作者：王晓刚　陈心洁　苟灵

原载于2020年04月23日电子科技大学新闻网，有删改

练好程序员的"内功"
——记信息与软件工程学院"算法设计与分析"课程的教学改革探索

算法，是一个既熟悉又陌生的名词。我们从小学就开始接触算法，例如，做四则运算要先乘除后加减、从里往外脱括弧等都是算法。而对计算机软件来说，作为其灵魂的算法却要复杂得多，它涉及对数学知识的掌握，对计算机内部硬件结构的熟悉，对程序设计的学习……

"算法设计与分析"对学生来说是一门相对较难的课程。从2017年开课以来，信息与软件工程学院刘瑶副教授（见图1）精心设计课程内容，用耐心细致的讲解，以及自己独到的教学方法，引导学生掌握算法"思想"，为学生打下广泛扎实的算法知识基础。

图1 刘瑶副教授

授人以渔：要掌握算法的"思想"

在人工智能时代，人类的很多工作都可以依托计算机程序来实现。从电商平台的分类推荐，到医学成像分析，再到无人机的精准打击……计算机程序都展现出了其省时省力的优势。而对于一个程序而言，算法是其灵魂。好的算法不仅能缩短程序的运行时间，提高程序的响应效率，还能减少程序的硬件要求。大数据时代已到来，如何处理海量的数据成为很多行业发展都需要面对的问题，这对算法也提出了更高的要求。刘瑶认为，学生将来要从事计算机系统结构、系统软件和应用软件等方面的研究与开发工作，编程是"外功",是具体的"招数",而算法思维才是"内功",是"武功心法"。

刘瑶开设的"算法设计与分析"主要面向的是信息与软件工程学院的学生,这学期还有一些医学院的学生也选修了这门课程。针对不同基础的学生,要想在40个学时内让他们掌握算法设计的主要方法,培养对算法复杂性正确分析的能力,进而为学生在接下来的学习和科研中独立设计和分析算法奠定坚实的理论基础,刘瑶深感时间紧、任务重。

"授人以鱼,不如授人以渔",掌握相关的问题,不如掌握求解问题的思想。刘瑶介绍说,算法主要包括递归法、分治法、动态规划、贪心算法、回溯法、分支限界法、随机化算法、线性规划与网络流等相关算法。她在课程内容的设计中,根据课时的需要,删减了随机化算法以及线性规划与网络流两种经典算法,重点围绕其他6种算法讲解,并且每一种算法都会设计3~5个典型问题。结合具体的问题,从问题分析、算法的设计思想,到解决问题的思路以及编程过程,不放过任何一个细节。比如在讲到动态规划算法章节时,她会详细讲一个背包问题:N种物品和一个背包,每个物品的重量和价值都不一样,背包的总容量为15千克,如果每种物品只能放入背包一次,如何选择物品,才能使背包中物品的总价值最大?(见图2)

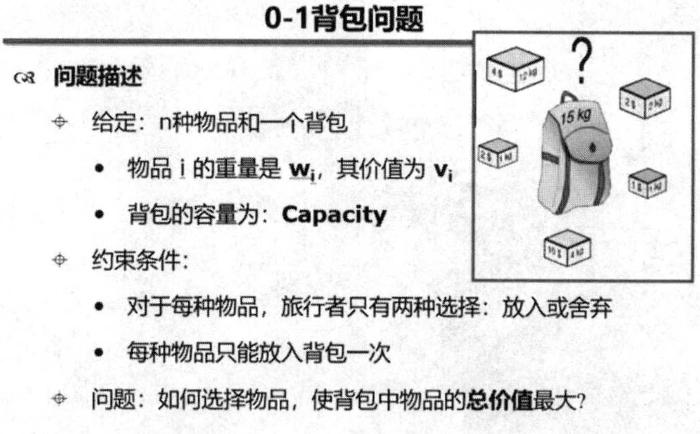

图2 "算法与设计分析"课程PPT

而为了激发学生们的学习兴趣,她也会在上课过程中插入一些有趣的算法故事或者自己所在团队的一些科研成果。

"随着时代的快速发展,算法的更新迭代也非常快。作为老师不可能教给学生所有的算法,而主要是让学生掌握经典的算法'思想',学会评估算法的优劣,以不变应万变。"刘瑶说。

开展研讨:让学生当"老师"

本着"课堂解决深度问题,学生自己解决广度问题"的教学理念,刘瑶会精选一些开源项目、开源软件代码库或从著名的开源软件项目中查找适合学生阅读的程序代码。她先阅读、分析源代码和相关文档，从整体上把握开源软件实例的体系结构，然后结合课堂教学，从不同角度出发，给学生分配代码阅读任务。"由于课程时间有限，让学生学习这些成熟的项目，可以多思考、多规划，同时提升设计眼界。"刘瑶说。

如何把"学"和"做"更好地结合起来？刘瑶认为，作为一门研究生课程，除了对学生知识的掌握有要求，还应该培养学生把理论应用到实际或者是自己科研中去的能力。而课堂研讨，可以为学生提供思考问题和讨论问题的机会，使学生围绕相关的算法，运用所学的知识解决相关的问题。

在课程中，刘瑶会鼓励学生们自主报名，组成小组，进行算法讲座（见图3）。学生可以结合自己在团队的科研工作来介绍使用过的算法，或分析一些当前算法领域的优秀开源算法。在这个讨论交流的过程中，学生们可以有更深入的思考，增进对算法的了解。

图3　学生在课堂上分享

由于来自不同的课题组甚至有不同的专业背景，学生们的选题也多种多样。比如这学期来自医学院的张莉做了题为"Boyer-Moore算法与病毒DNA序列检测"的分享：研究发现，人类的DNA有8%来自病毒。一些病毒如肝病、艾滋病病毒，侵入人体以后会首先进行逆转录，生成DNA，并且把这个DNA插入人类基因的片段中。如果在人的DNA中检测出某种病的病毒DNA序列，则认为此人曾经患过这种病。她向其他学生介绍了自己如何利用Boyer-Moore算法，检测除DNA序列中是否有该致病序列。这让大家感觉耳目一新，拓宽了知识面。

在刘瑶看来，开展研讨式教学是时代所需。"老师必须在课堂上充分调动学生的积极性，培养学生的自主学习能力、创新能力、研究能力甚至表达能力，这样才能真正培养出担当民族复兴大任的领军人才和核心骨干。"

加强互动:"线上+线下"打造智慧课堂

新冠肺炎疫情防控期间,广大师生"停课不停教、停课不停学",各种线上教学工具发挥了重要作用。在线上授课的过程中,刘瑶开始使用"雨课堂"。这是一种基于微信平台的互动式智慧教学模式,老师和学生通过关注微信公众号、扫描二维码,可以实现课前教学资源推送,课程中实时答题、弹幕交流互动及课后数据分析等功能。

图4 刘瑶指导学生学习

这学期虽然学生们已经回到了课堂上,但是刘瑶仍继续使用"雨课堂",作为课堂教学的辅助。上课前,她会把课程PPT发送到学生手机上,每页课件下方都设置有"收藏"和"不懂"按钮,同时学生可以通过手机提问或者反馈上课效果。在课间,刘瑶会查看学生们点了"不懂"的页面和大家提出的问题,然后在下一节课上进行重点讲解和解答。同时,她也会在课件中插入一些互动的问题,比如"影响算法性能的主要因素是什么?为什么?"促进学生们思考。刘瑶认为,相比于学生们线下举手提问的互动方式,大家在线上发言更踊跃,互动效果更好。

精心设计的课程内容,良好的课堂互动也让学生们对这门课评价颇高。在信息与软件工程学院2019级研究生李佳洲看来,刘瑶老师讲课从容不迫、条理清晰,"在面对复杂问题时,刘老师会通过图解的方法将问题层层分解,把解决方案娓娓道来。通过刘老师的指点,大家能够更熟练地掌握以前接触到的算法。"

软件学院2018级研究生娄云对这门课也印象很深,"刘老师非常耐心细致,真正培养了我们的算法思维,这对于我阅读论文和开展研究帮助都很大"。

当然，刘瑶对课程的探索还在继续。她目前正在进行开源软件项目的收集与筛选，希望建设一个用于"算法设计与分析"课程教学的开源项目源码库，培养更多算法精英人才。

作者：何乔　张诗晗　李湘叶　栾琪峰
原载于2020年11月05日电子科技大学新闻网，有删改

项目驱动让课程学习"研"起来
——记信息与软件工程学院"数据分析与数据挖掘"课程的教学改革探索

"我的英文其实不是很好,为了不让自己长期待在舒适区荒废'武功',学院征集全英文授课教师时,我第一个报了名。"说这话时,信息与软件工程学院副教授李晓瑜(见图1)大大的眼睛扑闪扑闪,明亮的眼眸中尽是对教学工作的热爱。

"知道课程的定位和特点等之后,仿佛捏泥人,越到后面越清晰。"李晓瑜说,通过对项目驱动下教学的不断探求,课程不仅提升了学生对知识的理解和掌握,同时也锻炼了学生口头表达和团队协作能力,强化了研究生创新能力培养,让研究生课程学习真正"研"起来。

图1 李晓瑜副教授

钻研创新:以"三驾马车"推进课程项目驱动

"数据分析与数据挖掘(英)"课程是面向全校研究生、博士研究生(包括留学生)开设的专业选修课,自2015年开课以来,主讲教师李晓瑜一直基于实际科研项目,围绕当下人工智能及量子科技相关的内容展开教学,不断改革课程设计,推行以解决实际问题为目标、以项目课题为支撑的实践教学活动,形成理论教学与专业实践有机结合的教学方式,广受学生欢迎。

行课过程中，根据课程体量与侧重点的不同，李晓瑜为课程匹配了"算法示例驱动、应用案例驱动、项目驱动"这"三驾马车"，实现课程的融会贯通。

算法示例驱动，多涉及某些数学推导或理论原型验证的小例子，如分类算法中基于决策树归纳的迭代二分器（ID3）和后来的C4.5，课程就采用AllElectronics例子中顾客是否可能购买计算机的示例，通过一个简单的决策树结构，给学生们演示清楚分类器分裂准则和选择分类属性的运用（见图2）。

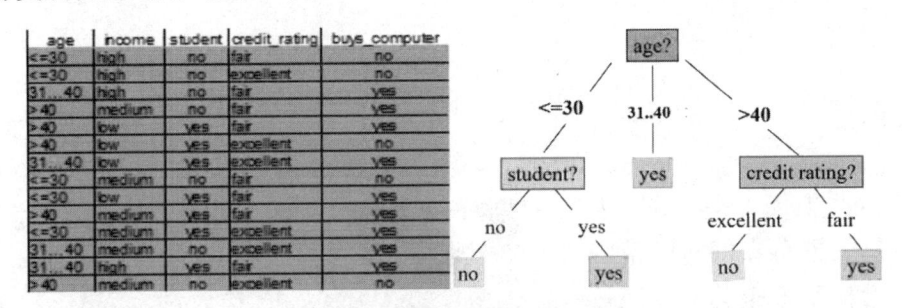

图2 基于决策树归纳的分类器示例

"这个例子体量小、轻便、直观，学生们课堂上马上就能理解和接受。"同时为了体现课程的统一性，李晓瑜采用不同的算法尽量用同一个例子进行展示的方法，让学生们从不同角度对一个数据集形成全面的认识。

应用案例驱动，涉及各个经典算法的使用场景，对如事务型、数据库、时序型、时空型等不同的数据类型，课程中就会提供裁剪好的特定应用场景数据。

在介绍时空型数据时，李晓瑜就结合第二课堂，将中国建筑西南设计研究院提供的部分教学用数据展示给大家（见图3），学生们在课堂上自由组队，进行算法场景化的应用，得到了很好的锻炼。

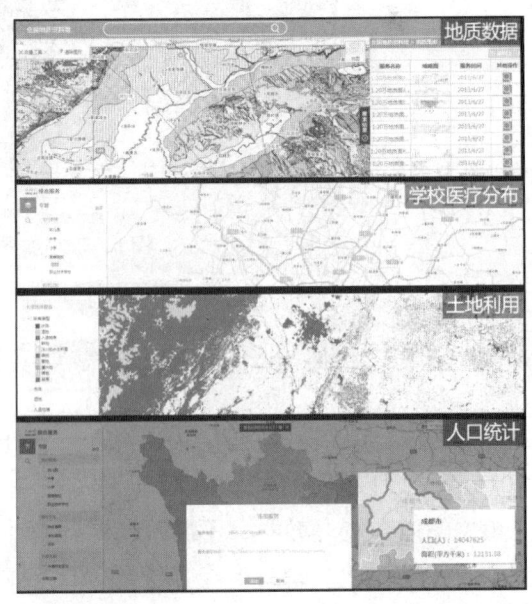

图3 中国建筑西南设计研究院提供部分教学用GIS数据

谈到项目驱动对学生开展科研的深刻影响，李晓瑜对与四川省肿瘤医院合作的有关肺部医疗图像处理的一个课题项目印象深刻（见图4）。

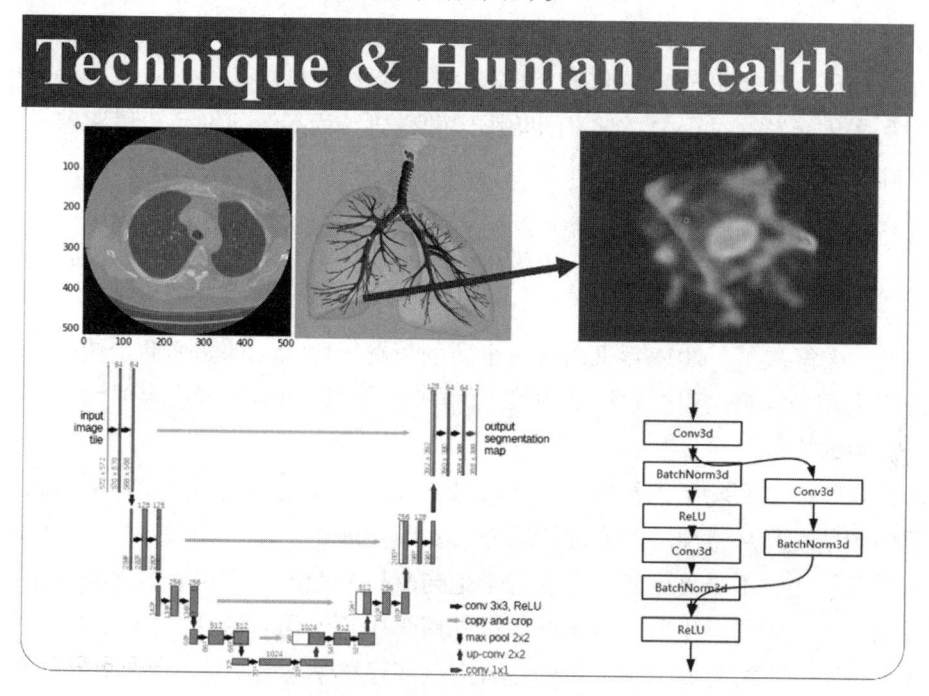

图4　围绕项目驱动，课题案例展示

她从整个项目要解决的关键问题入手，有针对性地引导中国学生与留学生以团队方式开展科学协作与分工，具体做法是一组学生负责获取数据源、整理图片（针对肺癌、肺结节），并协助医生给图片打标注、做标签；一组学生负责搭建整个实验环境，以及编写中间的核心算法部分；再有一组学生负责对整个算法作进一步的调研、筛选和实现。

经过这样的密切协作与项目开展中的深度融合，最终组内的每一位学生都接受了很好的研究训练，并在密切配合的过程中，加深了对项目的认识，从彼此身上发现对方在科学研究上的闪光点，再通过相互学习，又能促进更大的提升。

融通互助：推动中国学生与国际留学生相互"研"起来

李晓瑜回忆说，开课第一年学生非常多，涉及很多专业，感到挑战特别大。

第一次写教学大纲时她特别头疼，自己从网上查了很多资料，兼顾数据分析与数据挖掘的资料很难找，也没有特别合适的教材，因此花了很大工夫来做课程提纲与内容筛选。印象特别深刻的是，每晚备课都到凌晨1~2点，课件内容都是原创的，一页一页自己做。

辛苦的付出换来了学生们的交口称赞，2015年年底，学生给出的评教是课程主线清晰，内容很接当下的地气。虽然评教分数高，中国学生上纯英文课程其实很吃力，又涉及专业英语，对于听课以后再转换成自己就该问题的思考感到困难，很多学生建议中英文授课，但这样对留学生来说又有障碍。

对此李晓瑜适时做出改变，推动中国学生与国际留学生项目合作，让中外学生在相互了解、相互文化交融的过程中，学习团队协作做科研，为后续研究生阶段跟着导师从事科研奠定基础。

在课程内容上，中国学生与留学生分组搭配进行学习，并利用项目驱动进行融合，她鼓励大家在学术上"结对子"，互相交流借鉴，碰撞思维火花，这一举措很好地营造了学术研讨的氛围。

语言的问题解决了，2017年又出现一个新的情况：因为选课是面向全校的，外语、经管专业的学生完全没有编程、数据结构等方面的基础，因而对授课内容的深浅、授课面的把握提出了新的挑战。

此时，李晓瑜想到除了人员融合、项目融合外，还要慢慢做到专业与文化融合，让大家既从理性的角度又从感性的角度进行思考，实现文理相互促进。

在她的课堂上，不难见到外语专业的学生与软件专业的学生组合，将自然语言处理的技术发挥到极致；中国学生负责技术侧，国际留学生负责语言特征的提取和情感分析；经管专业的学生与计算机专业的学生组合，研究联邦迁移学习等。

课程开设前三年就不断遇到挑战，乐观的李晓瑜摸石头过河，从多个角度、层面做出调整，如从原来的统一上课到增设第二课堂；从原来的交课后作业的大统一到开展项目驱动的小组学习；从原来的专业覆盖性强一些到由浅入深、由易到难……经历这样的过程之后，李晓瑜找到了教学的要点。

亦师亦友：换位思考，关爱学生零距离

40个学时的课程，怎样激发学生的学习兴趣？在人工智能、大数据时代，如何以数据驱动帮实际生活做更多的事情？

2018年开始，李晓瑜在教学中主动融入了课程思政的元素，学生们需要做的案例分析、数据分享等大都有中国背景。在李晓瑜看来，广义的课程思政是以一种人文情怀带动学生对事物的理解，用更好的包容的心态去学习，能将科技与文化融合在一起，能把学习的知识技能与生活融合在一起。

自身有过留学经历的李晓瑜认为，对国际留学生，就是要降低文化冲突，把文化交融做进去，激励国际留学生更加勤奋好学，用爱架起国际交流的桥梁（见图5）。她在实践教学中，也是这样身体力行地开展着课程建设。

图5 李晓瑜关于留学生课程思政的博文

课堂上的李晓瑜注重把时间放在知识传授、算法讲授上，增加论文阅读、文献调研、项目报告等方式，提升学生发现科学问题、寻找解决方案、理论实验验证、陈述个人观点等方面的科学素养和工程素养。课前课后及答疑中，她还投入了更多的精力开展不同国家间的文化交流，让上这门课的学生真正领略到中华文化的内涵和美。

"除了上课本身，也要在开展科学研究中积极融入中国的学术氛围，让课程成为一扇将我们的国际化教学、国际化科研展示出去的窗口。"李晓瑜说。

她的学生都知道，最后一次课往往是茶话会形式，老师常常给大家买很多好吃的，让每个学生在轻松愉悦的氛围中分享这门课程带给自己的改变，有的学生当堂就激情澎湃地展示了自己对未来的规划等。

上过这门课的学生们这样评价李晓瑜的课堂："李老师不只是传授算法知识，还帮助学生建立数据科学的思维方式，在这个全新的时代，用创新的数据思维，驱动学生做科研。"

来自数学科学学院的刘华是软件工程专业的研三学生，他颇有感触地说，"当我去听第一节课的时候，由于自己英语听和说的能力都有限，我开始焦虑，担心无法和留学生交流，担心听不懂。幸运的是老师总能让课堂氛围变得很活跃，并且每个知识点都尽量用很简单的语句表达，使得我们中国学生也能听懂。在课程中她也会让我们选择自己感兴趣的课题，通过汇报的方式更勇敢、更自信地与留学生交流，这种方式不仅让我学到了专业知识，就连我的英语口语和听力也有了很大的提升。"

"数据挖掘实践项目需要中国学生与外国学生合作完成一个数据挖掘课题，我们小组选择的是 kaggle 的一个比赛，一方面锻炼了口语，另一方面也体验到了多个文化间软件开发的思维碰撞，有一种在国外就读和进行项目开发的感觉。"已经毕业的信息与软件工程学院校友李赵宁回忆起该课程仍记忆犹新，"毕业后我主要从事信号情报层面的数据挖掘工作，当时课程中穿插的一些实际案例和技术对我从事数据挖掘工作非常有帮助，并且课堂合作、小组合作、观点陈述等都是使用英文，也很好地锻炼了我英文文献阅读和口语表达的能力。"

李晓瑜记得一位前辈曾说，一所好的大学培养的学生往往身上有一种时代使命感和家国情怀。她认为教师这个职业最重要的是要对学生有影响力。她说老师对学生而言就像是人生起笔的引导者，这一起笔很重要。这其实是一种格局，树立了格局，才能帮助学生把人生这幅画画好。

"见证学生成长进步的每一个时刻，就发现自己的生命被放大了，很有幸福感。"李晓瑜微笑着说。

作者：罗莎　苟灵

原载于2021年04月25日电子科技大学新闻网，有删改

从一面到一体，走出"盲人摸象"的误区
——记航空航天学院"系统工程与理论方法"课程的教学改革探索

在第一节课上，邹焕（见图1）会给学生展示一张"盲人摸象"的图，来形象地告诉大家什么叫系统工程和整体思维。

"系统工程与理论方法"是航天航空学院针对硕士研究生开设的专业必修课。这门课有中文和英文教学班，邹焕作为课程负责人牵头课程建设，负责英文班教学，并将其打造成了富有特色的小班精品课。

图1 邹焕副教授授课

思维转变：从钻研局部到统揽全局

什么是系统工程？我国著名科学家钱学森给出的定义是：组织管理系统的规划、研究、设计、制造、试验和使用的科学方法，是一种对所有系统都具有普遍意义的科学方法。系统工程不同于一般的传统工程学，它所研究的对象不限于特定的工程物质对象，而是任何一种系统。它是在现代科学技术基础之上发展起来的一门交叉学科。

事实上，系统工程的思想方法与实际应用可以追溯到远古时期。我们的祖先在了解和

改造自然的实践和大量的社会活动中，早就有许多朴素的系统工程思想和应用实例。比如战国时期李冰父子组织修建的都江堰工程，巧妙地将分洪、引水和排沙结合起来，使各部分组成了一个有机整体，千百年来实现了防洪、灌溉、行舟等多种功能。现代，系统工程技术与理论已经应用到了宏观经济、交通运输、工程项目、工业生产、医药卫生、军事、信息技术等诸多领域，成为大型复杂项目的"指挥棒"和"黏合剂"。

在航空航天领域，从1970年中国发射第一颗人造卫星东方红一号到神舟十一号载人飞船圆满完成任务，从嫦娥五号带回来自月球的"礼物"到天问一号成功着陆火星，我们探索浩瀚宇宙的广度和深度都在不断加大。而这些航空航天领域的"国之重器"，无一不是复杂的大系统、巨系统，它们具有跨学科、跨行业的特点，是成千上万人从事的集体事业。"这需要我们的学生要有系统思维，争取在未来成长为系统工程师，才能更好地服务国家重大需求。"邹焕说。当然，来上这门课的也并不都是航空航天学院的学生，还有其他专业的研究生出于兴趣也选了这门课。

在邹焕看来，"系统工程与理论方法"与很多传统的工科课程都大相径庭。"如果说硕士生要求在某一个领域里更专更精，那系统工程还要求获取知识的广度更广一点"。对于系统工程来说，一般有五层架构：第一层是系统级，第二层是子系统级，第三层是部件级，第四层是子部件级，最后一层是零配件级。对于一名系统工程师来说，他需要具备某个领域深厚的专业知识，但是更重要的至少是对系统的各个部件都要有所了解，才能进行宏观上的把握和考量（见图2）。

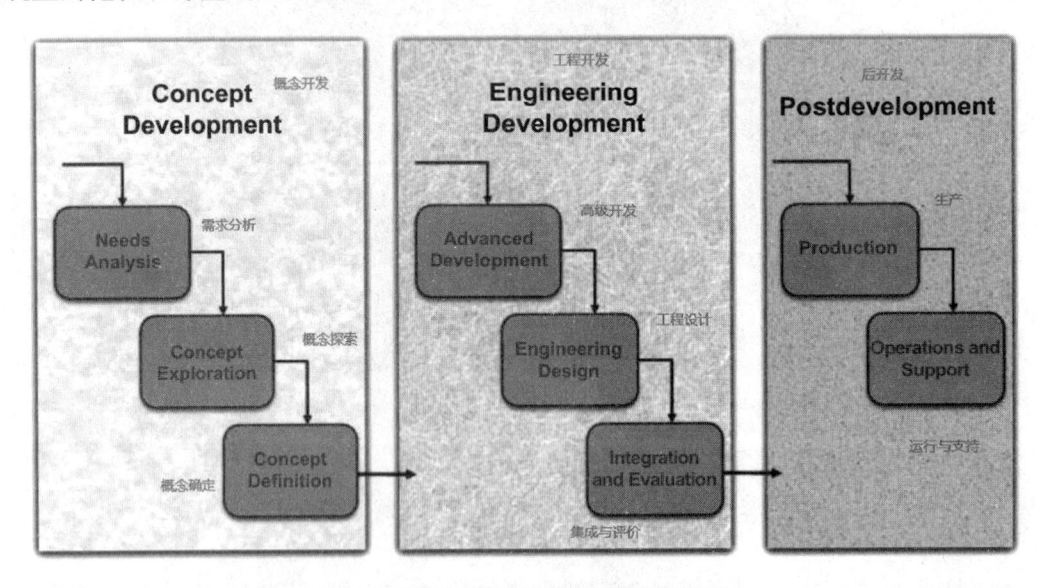

图2 课程中展示的系统生命周期模型

在实际操作过程中，一个复杂的系统不仅要考虑需求、技术，同时还要考虑成本、时间等多种因素，最终形成一个相对最优的系统解决方案。这不仅考验着系统工程师的知识面，同时还考验创新思维。邹焕举了手机设计的例子，比如为了有更长的待机时间，常规考虑是增大电池的容量，这带来的问题可能是手机更大更重，但是如果缩短充电时间，其实也可以满足这个需求。

学以致用：既来源于生活又高于生活

"系统工程与理论方法"课程也面向留学生开放，中外学生共选共上，课堂国际特色显著。"这门课的核心目标是培养系统思维与创新思维。"邹焕认为，中外学生共同上课，可以让不同的文化和思维方式相互碰撞，更有利于激发学生们的灵感，让大家有更多收获。

为了促进研讨式教学的实施，邹焕在第一堂课上会组织简短的破冰活动，让大家自我介绍，相互了解。"我们这门课是小班教学，很多课程任务是由大家自由组成小组来完成，只有在彼此熟悉了解的情况下，才能找到志同道合的伙伴，才更有利于课程的学习。"邹焕说。

等学生们自发组成小组以后，邹焕在课程不同的阶段给他们布置任务。这些课程任务，学生们可以选取跟生活密切相关能引起共鸣的主题，比如儿童电话手表、共享单车、留学生智慧生活大楼，甚至还有毕业以后的去向选择、假期规划等。当然，学生们也可以根据自己的研究方向确定选题，例如无人机组系统、多小车协同定位追踪系统、水下清洗机器人等。大家用系统生命周期的理论与方法，从概念开发阶段（需求分析、概念探索、概念确定）到工程开发阶段（高级开发、工程设计、集成与评价），再到后开发阶段，来分析这些实际生活中的问题，真正做到学以致用。

在课堂上，邹焕很注重启发式教学。为了能让学生更容易理解，她在讲解具体知识点的时候会穿插很多案例，而在案例分析的过程中，她并不会直接给出解答思路或者标准答案，而是鼓励学生们思考和发言，以学生们现场给出的观点作为讨论点，结合课程内容进行讨论分析。比如在讲需求分析的时候，她会让学生们就儿童电话手表进行需求分析，让大家在讨论中明白有时候系统的使用者和购买者并不相同，家长和孩子会有不同的需求。同时，她也会鼓励学生们进行头脑风暴，比如在讲到概念探索的时候，她会让学生们想象第六代战斗机应该有的样子和具备的功能，让大家在天马行空的想象中，搞懂知识点、培养创新力。

而这些来源于生活的题目和案例也让学生对课程内容更感兴趣，从而使课堂氛围更加活跃，大家在课上踊跃发言、热烈讨论，碰撞出源源不断的思维火花。

能力提升：不仅学知识，更是提升领导力

强化学习过程考核是"系统工程与理论方法"课程建设的重要内容。从2020年开始，课程组经过充分讨论，将平时成绩占比从30%提高至50%。平时成绩由学生课堂表现以及小组作业成绩组成，小组作业需要学生们自主拟定或者选择老师给出的开放式课题，结合课程知识点并查找相关资料来完成，然后在课堂上做报告（见图3）。而作业质量的考

核也由老师和学生共同完成，既有教师评价，也由小组间的互评，还有组内学生的互评。其中小组间互评考量的是各小组每次作业的完成情况、PPT制作、现场表现、问题回答等；组内学生的互评考量的是大家分任务的完成情况、纪律观念、学习态度和团队协作情况等。

比较特别的是，在这门课的课堂上，小组组长是不固定的。"我会要求每位学生都要做一次组长。"在邹焕看来，想要成为系统工程师，除了专业素养，领导力和表达能力也非常重要。让大家轮换着做组长，每一位学生都得到了锻炼，也能体会到不同岗位赋予的不同职责，相互之间的理解进一步增加，小组合作也更有效。

图3　小组代表进行项目展示

航空航天学院2019级研究生刘晓琴2020年上了这门课。让她印象最深的是最后一次大作业。"我们组做的是共享单车。项目主要分为几个大的部分，每个大部分又分为几个小部分。比如概念开发里面的需求分析部分，会涉及对我们开发的这款共享单车进行需求调查，人们是否真的需要共享单车，共享单车的需求定位在哪里，现有的技术是否可以实现。PPT里面还会添加附件，里面的文档是对每个部分的实施细则说明。比如涉及的文档有Request for Proposal、Generic Statement of Work、SEMP等。这些文档很多，有些很长，需要小组成员合作按照上课学到的知识与理论去完成。最后我们形成了包括共享单车需求调研、功能分析、方案对比、设计过程、人员管理、单车生产、系统集成、后期维护，以及期间的文件管理等覆盖整个系统生命周期的一个较为完整的规划和设计。"上完这门课，除了学习专业知识，她认为对自己的思维也有很好的锻炼，比如研二在做毕业设计的时候就有了系统思维，先列出一个大纲，然后分成不同的小部分，每确认完成一个部分就打个钩，这样相对来说更从容不迫，思路也更加顺畅。

2019级研究生林辉感觉自己通过这门课的学习对系统工程有了更深刻的理解。他说，大家轮流做组长并相互评价可以很好地提高团队效率，有效地避免"一人干活，全组划水"的情况。"每个人各自承担自己部分的职责,然后为了共同的目标群策群力,这样才能出色地完成任务。"

系统工程是一门正在快速发展中的学科。邹焕希望不断改进,让课程与时俱进,让学生们学有所获,也让更多的人来选这门课。她准备制作更多的英文资源,进一步总结中外学生共选课程的特点并改革教学设计,持续提升课程的深度、难度和强度,结合科研实践促进理论联系实际,让系统工程思维深入学生心底,使学生们通过学习课程,掌握系统工程的理论与方法,并能以系统工程的思维面对和解决生活和科研中的问题。

作者:何乔 苟灵 鞠昀

原载于2021年06月11日电子科技大学新闻网,有删改

把课程变成学生的科研选题

——记航空航天学院"任务载荷数据融合理论及应用"课程的教学改革探索

近日,航空航天学院2020级研究生诸葛昊为正忙着修改论文,并希望能将它发表在行业期刊上。而这篇论文的雏形则是来自于一门课程——"任务载荷数据融合理论及应用"。

诸葛昊为是从经管学院跨专业考研到航空航天学院的一名学生。虽然本科时,他也选修过相关课程,然而这学期的"任务载荷数据融合理论及应用"却给了他不一样的感受:"本科重在打基础,这门课程则从理论学习到研讨,再到上机实践、形成论文。这不仅让我深入学习了更多的知识,更重要的是让我摸到了一点科研的'门道'。"

大课变为小课:打造小而精课堂

任务载荷数据融合是指根据需要综合处理多源通道的信息,有效地提高信息利用率及系统自动化程度。尤其在航天航空多种运载平台上,对各种传感器所获得的大量数据进行融合,才能获得比单一数据源更为准确和可靠的决策。开设"任务载荷数据融合理论及应用"这门课程的老师——航空航天学院孙彬副教授(见图1)——希望学生们通过课程学习,能够掌握数据融合的相关理论,并应用在自己的科研乃至以后的工作中。

图1 孙彬副教授开展线上教学

这门课开设于2013年，是一门针对航空宇航科学与技术及其相关学科的学生的专业选修课。选课的除了航空航天学院的学生，也有一些其他专业的学生。

起初，孙彬采用的是传统的授课方式：大班上课，老师主讲。2017年，学校鼓励老师们开设小班研讨课，加强与学生的互动交流，更好地引导学生开展研究型学习。孙彬认为，这门课的内容更适合小班研讨，因此就主动向学校申请，把课程改成了小班研讨课。

从大课改为小课，改变的不仅仅是教室大小，更重要的是上课内容和形式的变化。内容上，孙彬将课程做了梳理，让讲授的内容更加精练，从而给学生留出更多的研讨时间。她要求学生按照教学大纲的要求，选择教学难点作为专题，并在课堂上以PPT方式分享对知识点的理解。形式上，教师授课占总课时的2/3，学生研讨1/3，另外还有9个学时的上机实践。期末的考核也并不是考试，而是课程设计，采用分组方式，贯穿数据融合理论、实验及应用各环节，考查学生调研归纳、问题定义、算法描述、实验设计、结果分析，以及综合表达能力。

知识凝为选题：开展研究型学习

孙彬认为，研究生课程不仅仅要让学生丰富知识结构，更重要的是要培养他们的自学能力和科研素养。她考虑到选这门课的大部分是研一的学生，很多人都还没有丰富的科研经验，因此选择基于项目来开展课程。

具体来说，孙彬根据目前数据融合的主流算法，将对学生的考核分解为一个个科研选题。在课程伊始，学生们以3~5人组成小组，根据每个组自己的兴趣选择感兴趣的算法，在经过一学期的学习后，针对选定的数据集进行实际操作，并最终形成论文。孙彬说："这样下来，学生们就能较为完整地感受一篇论文形成的全过程。而且，从课程伊始就选定了选题，也有助于学生们更加专注自己选定的算法，通过课堂学习和课下的自学，做更为深入的研究。"

诸葛昊为和其他三位学生选择的是基于稀疏表示的图像融合算法研究。在利用该算法将红外光源图像和可见光源图像融合的过程中，他们最开始得到的结果并不太理想。他们与老师进行探讨，分析问题的原因，然后再通过查阅文件，修改了融合规则，最终改善了结果。诸葛昊为说："在这一过程中，我不仅对算法了解得更深入，更重要的是学习到了探究问题的过程，并提升了个人能力。"

尽管每个小组选择的算法不同，但是他们需要处理的数据集是相同的。孙彬说，学生们首先在网上对数据进行收集，然后在课堂上集中讨论，并最终选定一些质量较好的数据集进行实际操作。这样做的好处是：数据集既是学生们想要研究的，同时又能有一个小组间的横向比较。课程的最后4个学时是小组展示，每个小组都需要上台就自己的成果进行分享并接受其他学生的提问（见图2）。这也是一个相互学习的好机会。"不同的算法在处理不同的数据集上各有优劣，我们关注的不仅仅是处理效果，更重要的是能否在既有算法的基础上提出改进甚至是创新，这才是真正的研究型学习。"孙彬说。

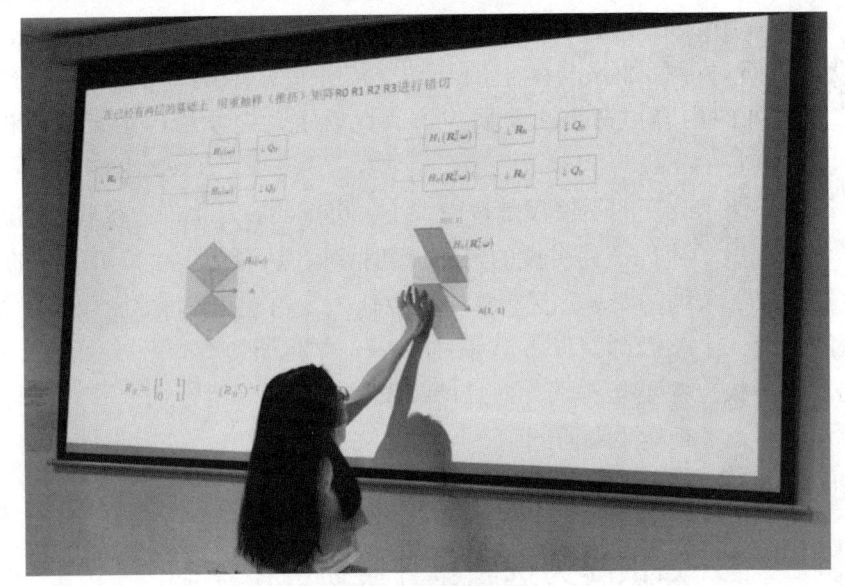

图2 小组展示

"大牛"请进课堂：引导创新思维

"吸引学生兴趣，便于学生理解"一直以来都是孙彬的教学理念之一。在上课过程中，她会利用各类视频，更直接地加强学生对知识点的认识；利用思维导图，帮助学生构建知识体系；利用动画，引导学生主动学习核心知识点。

案例，是孙彬把这门课化变得通俗易懂的另一"神器"。在讲到稀疏表示中的字典学习时，她从汉语字典的发展，讲解字典构造的原理，来类比图像的字典。在讲到"多聚焦图像融合"的时候，她建议做课堂分享的学生把自己的单反摄像头带到课堂上，来一场生动的"现场实验"。

在课堂上，一名学生一边持着摄像机，另一边则聚精会神地紧盯着显示屏，并缓缓转动镜头，使焦距变化，并拍下不同焦距下同一物体的照片。接下来，他将这些照片上传到图像处理软件中。这时候，孙彬会引入"多聚焦图像融合"的概念，再带领学生们观察融合之后的图片（见图3）。她还补充道：在实际摄影中，"变焦拍摄"这个相机选项的实现，正是相机内部进行了变焦算法的结果。学生们听了无不惊叹不已，纷纷拿出自己的手机尝试一下，果不其然，"变焦拍摄"模式下得到的照片，正和之前经过图像处理软件处理后的图片相似。通过这样的方式，她把教科书中的概念转化为学生能切身体会到的技术。

图3　小班研讨学生交流摄影应用中图像融合体验

为了让学生了解到前沿的科研进展，从2020年起，孙彬邀请了新加坡南洋理工大学电气与电子工程学院蒋旭东教授通过在线的方式给学生们授课。蒋旭东是IEEE Fellow（会士），在PAMI、CVPR、ICCV等顶级期刊会议发表论文百余篇，在领域内具有很高的学术声誉和影响力。去年疫情防控期间，蒋老师在线上给学生们分享了自己最新的科研成果和数据融合领域的前沿动态（见图4）。今年，孙彬提前与蒋旭东沟通，请他在分享前沿学术之余，也给学生讲一讲自己做科研的过程，包括怎样提出问题，怎样去寻找解决方案等。她希望通过蒋老师的分享，开阔学生的视野，同时也培养学生的创新意识。

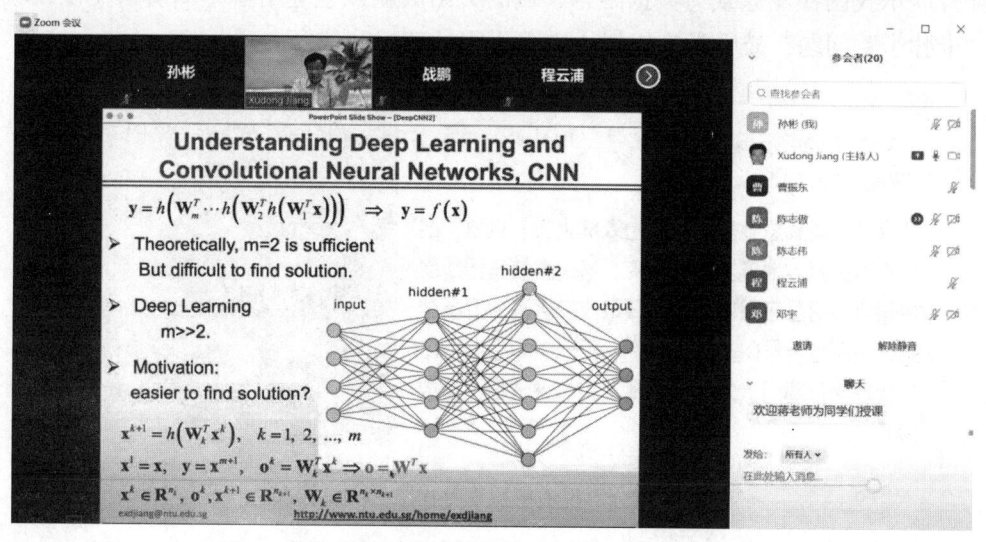

图4　蒋旭东教授线上讲授基于深度学习的图像融合

"融合"作为核心：滋养爱国情怀

在授课过程中，孙彬注重运用多种方式，将家国情怀、民族精神、道德情操等潜移默化地贯穿课程全过程。

"融合"是贯穿这门课程的核心思想。多尺度变换是融合的方式之一，可以理解为，依据若干个样本点的距离计算得到样本坐标信息的重建算法。她在讲解概念的同时，也与学生们探讨了其中蕴含的辩证唯物主义思想。她引用了毛泽东《矛盾论·矛盾的特殊性》中的"只见树木，不见森林"，来形象地说明只看到局部，而忽视整体的状况，从而引导学生重视局部和全局之间的关系，以辩证统一的观点看待问题，进而解决问题，而不囿于其中一点。

此外，她还鼓励学生们以"融合"为关键词，搜索相关成语、诗句或寓言故事，加深对于融合的理解。一位学生说到苏轼的诗句"横看成岭侧成峰，远近高低各不同"，并详细阐述了他的理解：从远处、近处、高处、低处看庐山，庐山呈现各种不同的样子，或连绵起伏，或山峰耸立。这种情况，一方面是因为观察点很多，但视野不够开阔，只能捕捉到庐山的某个局部形态，没有捕捉到庐山的整体形态。另一方面是因为没能选取到合适的特征点，导致无法从庐山的各个局部形态推导出庐山的整体形态。这启发了他，想完整认识某个对象，不仅可以在对象的区域内从多个尺度进行观测，还可以跳出对象区域的限制，以更广阔的视野来观测对象，与此同时，在不同观察点得到的信息只是对象的部分特征，通过选取合适的特征点，对相同的特征进行融合，可以得到对象更全面的特征描述。

此外，在课堂中，她还结合高分卫星遥感探测驰援凉山灾情预警（见图5）等真实案例，充分展示我国在任务载荷数据融合领域的突出成就，也会给学生们讲解在该领域还存在的"卡脖子"问题，鼓励学生们树立空天报国的理想和信念。

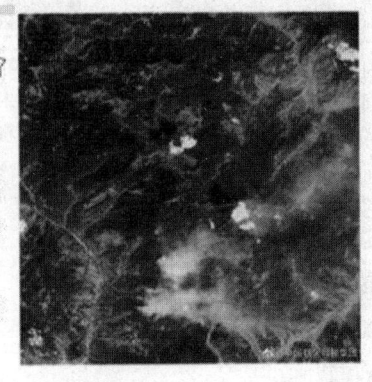

图5 高分卫星遥感探测驰援凉山灾情预警

心血注入课程：提升科研素养

从2013年至今，孙彬讲授"任务载荷数据融合理论及应用"课程已经七年了。她不断改进课程，使之成为让学生既受益又感觉有趣的"金课"。对于这门课程，学生们都有很高的评价。

航空航天学院2016级研究生罗成伟说："我是图像处理专业的，非常庆幸自己当时选修了这门课，课程设计非常系统严谨，让我搞懂了好多之前不太理解的图像融合理论，为之后发表融合领域的SCI论文打牢了基础。孙老师讲课生动有趣，她也非常认真负责，真的非常感谢她！"

"孙老师开设的'任务载荷数据融合理论及应用'课程讨论了与图像相关的载荷，重点讲授了重要的图像处理算法。课程理论与实验并重，孙老师在书面知识的基础上，用丰富的实验与课堂讨论，扩大了教学的深度及广度，扩大了我们的知识面。通过平时的课堂讨论，我们对问题进行了深入的思考，加深了对知识点的理解。"航空航天学院2016级研究生朱波认为。

学生的认可也给了孙彬前行的动力，让她至今谈到这门课程时仍然激情满满。她希望继续完善课程，更好地提升学生的科研素养。

目前，她正在做与这门课程配套的新形态数字化教材（见图6）。"在传统纸质教材的基础上，加入视频、动画、思维导图等新形态的讲解方式，更符合现在年轻人的需求。"孙彬说。

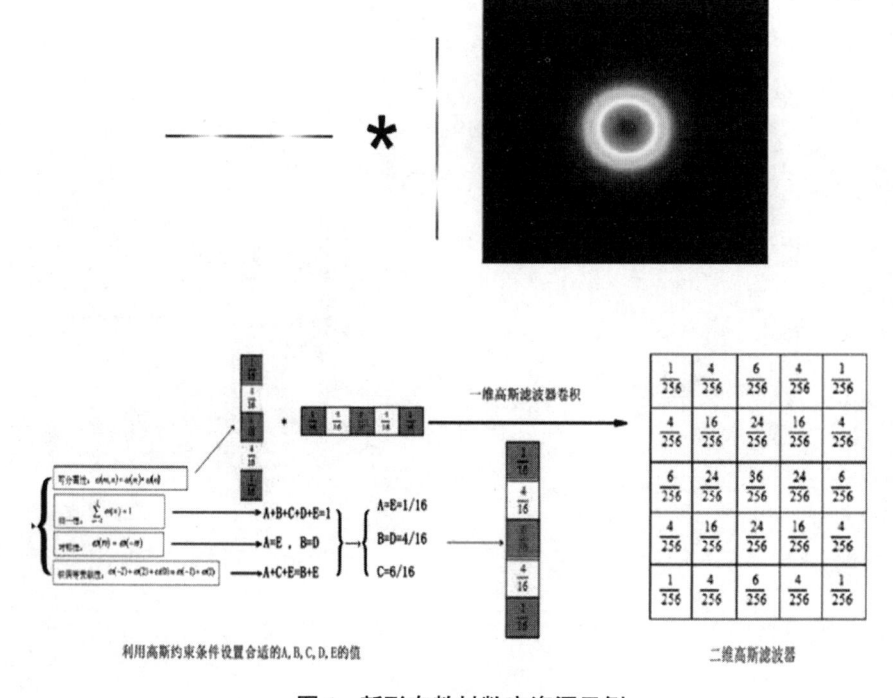

图6 新形态教材数字资源示例

去年疫情防控期间，这门课是以网课的形式开设，结果孙彬发现效果还不错。她决定将线上线下结合起来，开展混合式教学。学生们在课前先在线上自学，同时进行交流讨论，在线下的课堂上老师讲重点、讲难点，留出更多的时间给学生研讨。

未来，她还希望进一步延伸课程的广度。目前，学生们用于实验的是网上找来的数据集。她希望能给学生们提供数据采集工具，让学生们自己采集数据用于自己的实验，感受数据融合的"完整链条"。

站好三尺讲台，培养时代新人，孙彬一直在路上。

作者：何乔　苟灵　王旭　何芷青　何雨婷
原载于2021年8月25日电子科技大学新闻网，有删改

让数学更有"温度"
——记数学科学学院"矩阵理论"课程的教学改革探索

"百度""谷歌"等互联网搜索引擎,与著名的塔科马海峡大桥因共振而倒塌有什么关系?这两个看似"八竿子打不着"的趣味问题,背后却有一个共同的知识点,那就是"矩阵及其特征值计算问题"。

这是数学科学学院李厚彪教授(见图1)在讲授研究生课程"矩阵理论"时信手拈来的一个案例。这样的案例还有很多,它们源于学生十分熟悉的生活世界或经验范畴,但每个案例都可以生动地与课程中的抽象知识点紧密结合,让学生从案例中发现、感受和理解数学的魅力。

图1 李厚彪老师的"矩阵理论"在线课堂

"数学本来是源于生活的,但由于它的高度符号化和抽象化,以及我们学习数学的方法比较传统,因此,很多学生会觉得数学太高冷,让人有一种近在咫尺却远隔千里的距离感!"李厚彪说,"我的任务就是为'冰冷的美丽'注入'火热的思考',让数学更有温度,让学生更有收获!"

网络思政:激发学生学习动力

提前进入"教室",等学生们陆续进来后,开始播放《天才简史》系列的视频短片。这是李厚彪为学生准备的一道特殊的"课前甜点"。这个系列视频的每一集只有10分钟左右,短小精悍且充满趣味,作为每节课的序幕最好不过。

"影响世界,改变人类,这些天才不应该被遗忘!"这是《天才简史》的简洁介绍。李厚彪之所以给学生播放这些视频,除了"向天才致敬",更希望学生能正确认识"天才",

不要把"天才"看得太"高大上"。他希望学生能从"天才"成长史中了解如何能成为"天才"。

《天才简史》讲述了100多位古今中外著名科学家的成长史，其中大部分是数学家或与数学紧密相关的科学家。这些故事呈现给观众的不仅是天才的辉煌，更是包含了天才在功成名就之前所经历的各种曲折坎坷、辛勤付出、坚韧不拔、开拓创新。

通过这些故事，李厚彪希望学生能够树立自信心，认识到自己离天才并不遥远。尤其是，他希望学生们不要在"矩阵理论"面前望而却步，并保持正确的人生观、价值观和世界观，乐于勤奋努力，敢于战胜挫折，善于探索创新。他说："天才最大的特点，就是持有对科学的强烈热情与兴趣。"

2019年的诺贝尔化学奖获得者约翰·班尼斯特·古迪纳夫（John B. Goodenough）在57岁时才"建造了锂离子电池的神经系统"，直到97岁时才获得诺贝尔化学奖。通过这个故事，李厚彪是想告诉学生们，"天才"的成功不仅仅局限于年龄，更需要坚持的耐力。

除了观看《天才简史》，李厚彪还引用曾国藩的名言说："盖士人读书，第一要有志，第二要有识，第三要有恒。有志则断不敢为下流；有识则知学问无尽，不敢以一得自足，如河伯之观海，如井蛙之窥天，皆无识者也；有恒则断无不成之事。此三者，缺一不可。"

他还引用"敏而好学，不耻下问""学而不厌，诲人不倦"等《论语》名句，鼓励学生在课程群或小组中要积极参与讨论，勇敢表达自己的看法与观点，让"切磋"成为常态。在教学生读书时，他引用朱熹的名言说："读书有三到，要心到、眼到、口到。三者都到，还怕'矩阵理论'学不好吗？"

启迪思维：让学生明白"知识为何而生"

据介绍，面向研究生的"矩阵理论"课程开设已有20多年。目前，课程组有教授2名、副教授5名，每年有2 000多名研究生选课。这是工科研究生的必修课程，也是现代科技领域处理大量有限维空间形式与数量关系的强有力的工具。

但是，要掌握这门课程并不容易。最大的难点是，"抽象性"和"符号化"使得很多学生对数学失去了研究兴趣；而传统的教学和通常的教材都把"火热的思考"过程变成了公式定理等"冰冷的美丽"。因此，李厚彪对自己的期许是："要让数学回归它本来的温度！"

他认为，数学与其他自然科学或自然现象有着紧密的联系（见图2）。教师的任务就是引导学生学会发现问题、分析问题与解决问题。课堂教学要以知识作为载体，从广度、深度和挑战度方面让学生明白知识为何而生。

数学的来源与发展
①数学是自然界的"语言"(类比英文26个字母)

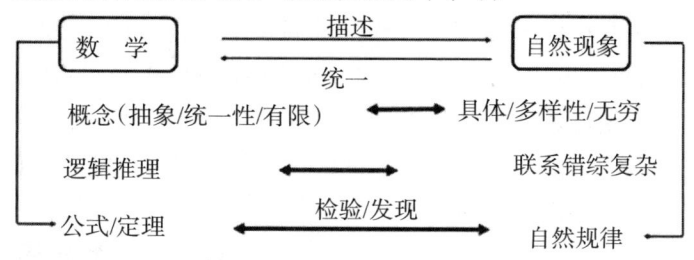

```
           描述
  数学 ←――――――→ 自然现象
           统一
  概念(抽象/统一性/有限) ←→ 具体/多样性/无穷
  逻辑推理 ←――――――→ 联系错综复杂
  公式/定理 ←――检验/发现――→ 自然规律
```

②数学概念(抽象/统一性/有限个)与然现象的对应关系

图2　数学的来源与发展关系

20多年来，随着社会经济向"创新型"转变，教育的目标也从传统的"传道、授业、解惑"向"自我学习""终身学习"的"创新型"人才培养进行转变。李厚彪指出，数学是科学的基础，对数学思维和能力的培养应该放在更高的位置。

为了实现这个初心，他在讲课时把重点放在"去抽象化"和"去符号化"方面，除了介绍必要的知识点，更重要的是要告诉学生"为什么要提出这个概念？""这个概念的重要性是什么？""这个概念有什么样的应用价值？"让学生对概念的提出背景、创新发展、现实应用有更清晰的了解。

"数学本该是鲜活的！"李厚彪说，数学的产生和大家的日常生活紧密相关，现代社会更是离不开数学。华为先后在俄罗斯和法国建立数学研究所，就是希望通过数学的突破解决很多现实的"卡脖子"难题。当学生能够结合现实理解数学从哪里来、到哪里去，就不会认为数学只是一些冰冷的公式了。

创新教学：课堂是对书本知识的"解读"

李厚彪始终坚信，课堂教学不应该是对书本知识的重复，而应该是对书本知识的"解读"。他认为，"给学生一本教材，他们一般都能看懂里面的知识，但他们可能并不理解为什么要提出这个数学问题及如何应用。"

为了上好这门课，李厚彪充分借鉴了麻省理工学院等世界名校的经验。麻省理工 Gilbert Strang（吉尔伯特·斯特朗）教授所著的 Linear Algebra and Learning from Data《线性代数与数据学习》一书，除了讲解基础知识以外，还补充了很多应用案例，如"深度学习""大规模矩阵计算"等，对深化学生对数学的理解十分有益。

经过借鉴和研究，课程组认为，补充"矩阵理论"的工程应用案例，融入"数学建模"的思维，是十分重要的。这样可以让学生学会如何把一个工程问题通过"数学语言"描述出来，并思考如何实现或解决它，为学生将来的研究工作打好基础。

此外，在课堂教学上，李厚彪还总结出了一套授课方法。他会提前一周把需要学习、研读的资料发到QQ群里，让学生提前预习，补充了解教材里没有的知识；他会在课上有侧重地进行精讲，必要时用板书对重点公式进行推导。为了调节课堂氛围，他改变了"老师讲–学生听"的传统教学模式，常抛出问题引发学生思考，培养学生的质疑能力。

在课堂教学以外，他还很注重学生在课外时间的自学能力培养。在第一节课，他就布置了课后"研究任务"：要求学生结合自己的专业和研究方向，翻译一篇与矩阵理论有关的比较新（近三年内）或比较经典的论文。

这样做，不仅可以使学生了解自己的研究方向，也能了解相关课程内容，知道"在自己的方向"上，"矩阵理论"的哪些知识点是重要的，同时，还可以学习解决问题的方法和技巧，加深对"矩阵理论"的理解。他还鼓励学生多收集、分享与本专业有关的成功案例。

李厚彪说："课堂教学只是'星星之火'，但'星星之火，可以燎原'。希望'矩阵理论'课程能够让学生感受到数学的温度和热度，燎起学生勇于探索的创新之火！"

作者：王晓刚　陈心洁　苟灵
原载于2020年5月5日电子科技大学新闻网，有删改

三代人薪火传承,演绎一门精彩课程
——记数学科学学院"图论及其应用"课程的教学改革探索

图论是什么?通俗地说,是研究事物之间联系状态和联系规律的科学。从数学家欧拉1736年解决著名的哥尼斯堡七桥问题算起,图论的发展已经历了200多年的历史。特别是随着信息科学、计算机科学、网络科学的崛起,图论理论越来越焕发其生机,发挥其基础应用性作用。例如,电路分析会涉及图论中的树理论、平面性理论,经济学研究会涉及大量的图论算法,复杂网络研究会涉及随机图论……

在电子科技大学,很多研究生都上过"图论及其应用"这门课程。它是研究生的数学基础课程之一,也是我校研究生课程中选课人数规模较大的几门课程之一。面对每年选课的2500余名学生,课程组老师们是如何设置课程内容,并在课堂上抓住学生的心?我们一起来一探究竟!

一座难求:超高人气图论课的真实写照

一间能容纳上百人的教室座无虚席,过道里也坐满了学生,来晚了的学生索性站在教室后面听课……也许你以为走入了微积分的期末答疑现场,但这其实是"图论及其应用"课程疫情以前上课的日常(见图1)。

图1 "图论及其应用"研究生精品课程授课场景

"这门课真是挺火爆的。我们当时三四节课上图论，一般一下课就赶紧跑来教室，不然就没有位置。"经济与管理学院2018级博士生井浩杰回忆起研一时上图论课的场景，仍然印象深刻。"老师上课的时候很有激情，把晦涩的课程内容讲得很透彻。我每次都坐在第一排，感觉大家听课都挺认真的。"

"图论及其应用"课程由数学科学学院9位老师共同开设，杨春副教授担任课程组负责人。如何把一门看似枯燥无味的基础课程讲好，让学生听得懂、喜欢听，杨春总结出来的经验是，要"讲得明白，讲得深入，讲得精彩"。所谓讲得明白，要求老师具有规范的课堂教学语言，表达流畅、准确精练，讲课条理清晰、具有严密的逻辑性，课堂教学主题鲜明，授课内容重点突出、深入浅出；讲得深入，要求老师授课具有"高阶性、挑战性"，要能够从课本内容引申到具有挑战性的理论与应用问题。讲得精彩，要求老师有很强的人格魅力，讲课旁征博引、精彩纷呈、光芒四射，让学生有明显的获得感和认同感。

老师们的全情投入，也获得了学生们的高度认可。数学科学学院2018级王波对这门课最大的印象是课堂氛围很好，"老师抛出问题的话，大家会积极回答，不会'冷场'。"还有学生在给授课教师的信中写道："老师您上课语调明快，语气铿锵有力，让我们精神为之一振。而且我能够感受到老师对学生的关爱，每次在课堂上除了能学到专业知识，还能收获关于人生的感悟，这让我感觉很受教育，受益良多。"

背后秘诀：让课堂"活起来""动起来"

当然，对于一门课程来说，仅仅有老师的热情是不够的。要让学生有兴趣、有收获，这离不开好的教学理念的支撑以及精心设计的课程内容。

课程组老师们提出，要让课堂"活起来""动起来"！那具体如何来做呢？

老师们认为，教学活动要带有"学术性"。研究生课程教学应该有别于本科教学。在研究生教学的过程中，书本知识的具体传授可以适度淡化，要以书本知识为载体，讲思想、讲探究、讲学术。例如，图论中讲图的度序列，老师们会引导学生探究度序列在网络结构研究中的意义，据此延伸到度分布和随机网络构建。同时，引导学生从学术的视角探讨对度序列研究的各种角度。在非负整数序列决定简单图问题上，老师们会引导学生探究可能需要研究什么问题。在得出问题后，指出目前的研究现状及其典型参考文献。核心的理念就是要让学生在学习的过程中潜移默化地学会提出问题、分析问题，进而解决问题。

课程内容要带有"新鲜感"。老师们认为，图论是一门应用性极强的学科，图论内容已经渗透到许多科研领域，如图像处理、复杂网络、电路设计、生物医学等。老师们在图论的教学中，会把各个领域应用到的图论知识加入其中，让学生切实感受所讲内容的有用性和现实性。"比如，我们在讲经典的平面性问题时，会充实曲面嵌入、定向嵌入和网络科学相关内容；讲欧拉图问题时，会把城市规划、优化问题充实到授课内容中，这样即使不是数学专业的学生来听课，他也能感受到这门课的知识是可以实实在在应用到自己今后的学习和科研中的，学习的兴趣自然就比较浓厚。"杨春说。

为了让课程内容跟上时代发展，老师们会阅读大量的学术论文，包括通信、计算机、物理、医学、生命、材料等不同领域，从这些论文中寻找切合课程内容的理论素材和应用素材，让学生们在学习知识的过程中有"新鲜感"。当然，也有些素材来源于生活。"我会关注学校里的学术讲座，有时候在校车上跟别的学院老师聊天，聊到图论相关的内容我都会在课堂上跟学生们讲。"杨春说，"来自身边的内容不仅能让学生们感觉新鲜，还能感觉到亲切，自然在课堂上也就更认真了。"

增强授课过程的"趣味性"。课程组老师们认为，任何学科都具有一些固有趣味元素，如数学中所具有的对称美、逻辑美、简洁美等，以一些特定的方式展现，趣味性也就体现出来了。同时，幽默的教学语言、风趣的教学内容、得体的肢体语言等也能够增强授课的趣味性。在授课过程中，老师们还注重与学生的互动，"让学生开口说话"，引导学生主动思考、自主学习。

润物无声：传播数学精神与文化

讲数学，不仅要讲数学知识，还要向学生传递数学精神和数学文化。这是"图论及其应用"课程自开设以来一直坚持的理念。

什么叫数学精神？老师们认为，这是古今中外数学家们追求数学高峰的锲而不舍的求实精神、不慕名利的集体人格魅力和坚持真理的理性精神。在课堂上，老师们会给学生们分享中外数学家的故事以及他们对数学学科发展的贡献。

比如，讲图论中的"四色问题"，老师们会介绍为证明"四色问题"而奋斗60余年的数学家希伍德；讲欧拉图时，介绍管梅谷先生对中国城市规划设计的贡献。1960年，年仅26岁的管梅谷在本科毕业后的第三年，在《奇偶点图上作业法》一文中提出了被称为"中国邮路问题"的最短投递路线问题，引发海内外关注。管梅谷先生注重运用数学知识和理论解决各类实际问题，并致力于城市交通规划的研究，取得了一系列重要研究成果。但是他认为自己并没有什么特别之处，只是一位真正想解决实际问题的数学教师和科普作家。在指导学生做研究的时候，他告诉学生，要心平气和一些，不要急于求成，要沉得住气，把基础打好，这样才能做得出好的成果。正是这样鲜活的事例，让学生们对数学家们的求真精神、严谨作风、奉献精神等有更为深刻的感悟。

在教学过程中，老师们还会适时地向学生传播数学文化。在悠久的历史长河中，数学形成了独特的文化，代表着人类科学的进步和文明。老师们希望通过数学文化的熏陶，让学生重视数学、喜欢数学、学习数学、应用数学并传播数学。"我们特别注重中国数学文化的传播。例如，当我们讲到图的可平面性问题时，会提到我国数学家吴文俊的贡献，进而讲到他的数学机械化证明与秦九韶的《数书九章》；讲到图与群时，我们会简要介绍华罗庚先生在典型群中的贡献等。通过这样的讲解，可以坚定学生对中国数学文化的认同，培养学生家国情怀、爱国主义精神和为民族复兴而学习数学的信念。"杨春说。

三代传承：实现教学相长、教研相长

"图论及其应用"是学校一门"老牌儿"课程。时间回溯到30年前，数学科学学院李正良、张先迪两位教授率先在学校开设了这门课程。凭借着对专业和教学的热爱，两位老师对图论课程建设和课程教学经验的积累做出了很大贡献。

2002年，从数学科学学院毕业留校的杨春开始担任"图论及其应用"课程研究生教学。为了上好这门课程，年轻教师杨春经常向李正良、张先迪二位教授请教，还作为"学生"去听了李正良教授一整个学期的课程，从中学习李老师讲课的理念和方法。而这门课，他一上就是18年，平均年授课时数180学时以上，每年授课学生人数超过了500人。在这期间，他还参与编写了研究生教材《图论及其应用》（高等教育出版社，2005年出版），获得过成电研究生教学优秀奖。

现在，图论课程组的老师已经发展到了9位（见图2）。新教师加入团队，如何帮助他们更快地成长，将图论课程好的教学理念和经验传承下去，成为团队负责人杨春重点关注的问题。

图2 "图论及其应用"精品课程组教师团队

80后青年教师王博2014年加入图论课程组。"杨老师有丰富的教学经验，会给我们一些很好的指导，帮助我们尽快完成学生到老师的角色转换，站好讲台。"王博说。刚开始上图论课的时候，王博也会去听杨春老师的课，并与杨老师讨论课程内容，看"怎么讲，能够讲好，学生喜欢听"。另一位80后教师王也洲也提到了团队的传承，"杨老师会提早帮助新加入的老师做教学的规划。"

　　录制课程视频，方便大家共学生习；线上线下不定期开会，及时发现并解决教学上出现的问题……正是在这样齐心协力、不断探索的氛围中，老师们把"图论及其应用"打造成了一门受学生喜爱的"金课"，并实现了教学相长、教研相长。课程组王博副教授和王也洲副教授都曾获得过成电研究生教学优秀奖。今年王博还在第五届全国高校青年教师教学竞赛决赛中拿到了理科组二等奖的好成绩。

　　在图论课程组老师们的眼中，图论是有趣的，是无处不在的，它不是局限于书本的有限知识，而是学生们科研路上的重要工具。老师们倾注了大量的心血在这门课程上，用满腔的热忱和孜孜不倦的探索，将图论的外延不断扩大，引导学生开展研究性学习，将课堂打造成传授知识的载体，立德树人的舞台。

作者：何乔　苟灵　李文云　印其灵
原载于2020年12月21日电子科技大学新闻网，有删改

打通学习电磁场理论的"任督二脉"
——记物理学院"高等电磁场理论"课程的教学改革探索

概念多、公式繁、推导难,这是物理学院无线电物理专业的研究生们学习"高等电磁场理论"课程时普遍面临的挑战。针对这种问题,如何在教学中尽可能地为学生扫除荆棘、直达要义,在传授知识的同时培养学生的思维能力,是"高等电磁场理论"课程组(见图1)在教学探索中的重点。

图1 课程组合影
(从左至右:王任副教授、梁锋副教授、熊江副教授、博士生陈传升)

"高等电磁场理论"是物理学院无线电物理专业研究生的专业基础课,也是学院研一新生入校后的第一门专业理论课,对学习后续课程有着重要的奠基作用。不仅如此,"掌握了电磁理论,还可以增加学生们在该领域创新性研究的深度,并提升对于相关工程问题的洞察力。"

"在学习高等电磁场时,数学和物理同等重要,二者不可偏废。"经过多年摸索,课程组制定了教学的"战略纲要"——"厘清基本概念,扫除数学障碍,参透物理意义,逐步引导应用"，以帮助学生迅速打通"任督二脉"。

迎难而上：用"硬功夫"提升学生"软实力"

学生的电磁场理论基础普遍比较薄弱，这是他们在这门纯理论课程面前望而生畏的原因之一。怎么样帮学生夯实基础、提升信心呢？

课程组首先在教材选用上花了一番心思，经过多方讨论，最终选用了美国电磁理论学家哈林顿的经典著作 *Time-Harmonic Electromagnetic Fields*（《时谐电磁场》）。这部教材是高等电磁理论的经典教材，在国内外影响深远，更是被国外多所著名高校选用为相关课程的研究生教材。

有学生反映，电磁场本来就难，学英文版电磁场更难，希望老师讲授中文教材。但课程组在充分考虑学生知识基础的同时，也着眼长远考虑学生发展，决定继续使用英文教材。课程组熊江副教授认为，该教材的体系和讲法既保证了对本科生电磁场与电磁波课程的良好衔接，又在此基础上涵盖了经典电磁理论的大部分内容，因此很适合学生循序渐进地"渐入佳境"。

而且，课程组鼓励学生们，困难都是暂时的。只要坚持不懈、不言放弃，通过对原版英文教材的学习，可以在专业术语、逻辑表达、呈现等方面潜移默化地受到浸润，为学生们以后阅读专业论文、技术报告、专著等打下基础。

针对学生基础参差不齐的情况，课程组制定了"确保掌握基础、充分锻炼能力、适当介绍前沿"的原则，既保证基础比较薄弱的学生弥补短板强化理论基础，又帮助学有余力的学生拓宽眼界提升能力。

曾羽学生从外地考研到了电子科技大学物理学院。他表示："熊老师对于课程内容循循善诱、深入浅出，并能在涉及先修课程时指出并简要叙述知识点，充分照顾到没有先修基础的学生，同时也对已经学过的学生起到温故知新的作用。"

在课堂教学中，熊江坚持以板书推演引导为主，介绍基本概念和知识，并结合PPT分析图表、展示案例、开展讨论。板书的加入引导学生自然而然地"跟上"老师的思路，尤其是在

图2　梁锋引导学生推演公式

数学推导时更加注意理解推导的逻辑性（见图2）。老师在推导公式时，学生也不会"袖手旁观"，每一位学生都常备草稿纸，跟着老师随堂推演公式，在动手提升计算能力的同时，也保证了学生的课堂专注力。

同时，教师与学生经常在课堂上开展互动讨论，在启迪学生思考的同时，让课堂不再是老师在台上的独奏，而是变成了师生的"琴瑟和鸣"。由于课程的前后知识连贯性强，课程组还要求学生每节课后必须复习当天内容，并配合一定数量的习题督促学生复习。在训练出学生"硬功夫"的同时，其"软实力"也得到了提升。

数理结合：让"干巴巴"真正变成"活生生"

"高等电磁场理论"的教学重点是电磁基本理论、基本原理及典型电磁问题的解析方法，难点是数学公式的推演、相关物理概念的理解和应用。"学习电磁理论，不仅要知其然，还要知其所以然。"熊江说，"面对复杂冗长的数学推导，学生容易畏难放弃，或者索性囫囵吞枣，跳过数学推导，只看结论，这样就很难对结论的物理意义进行深入的思考和理解。"

为了帮助学生过好"数学关"，课程组在板书演示推导过程时，会注意预留其中的部分内容，在交代清楚数学处理思路之后，让学生自行尝试，最后统一讨论和点评。这样，学生既弄清楚了公式和结论来由，又逐步训练了数学能力。

有时，熊江还会做一些特别的设计。例如，在讲授"基本辐射单元"时，他把全班学生按学号奇偶分为两组，分别按任意位置处的近场和远场近似解计算复功率，并在组间交叉对比，既调动了学生的学习兴趣，启发学生思考物理机制，又使学生对近远场功率关系认识更为深刻。

在扫清了数学方面的困难之后，他会用学生更容易接受的方式帮助学生理解公式和结论的物理含义。一方面，要尽可能借助图表等可视化的工具，并组织学生分析讨论；另一方面，要尽可能结合学生的已有知识，讲清新旧知识之间的区别和关联，让学生感到"今日所学并非完全陌生"。

例如，对于学生普遍感到抽象的"谱域方法"，熊江以平行板波导终端辐射问题为例，梳理清楚求解步骤，编程绘制近远场分布，分析功率吐纳关系，并与天线课程中用"口径辐射问题"的常用方法求解的结果进行对比（见图3）。这样，可以使课程体系中的大量数学公式和结论不再"干巴巴"，而是在物理意义的浸润之下变得"活生生"。

"光说不练假把式！"学生看懂教材、听懂讲课和会独立运用相隔甚远，因此，熊江要求每个学生都"过一下手"，真正把教材的内容转化为学生的技能。除布置常规章节习题外，课程组还设计了一套课程经典问题的可视化编程仿真训练，保证每个学生自己动手，在强化编程能力的同时加深学生对物理意义的理解。

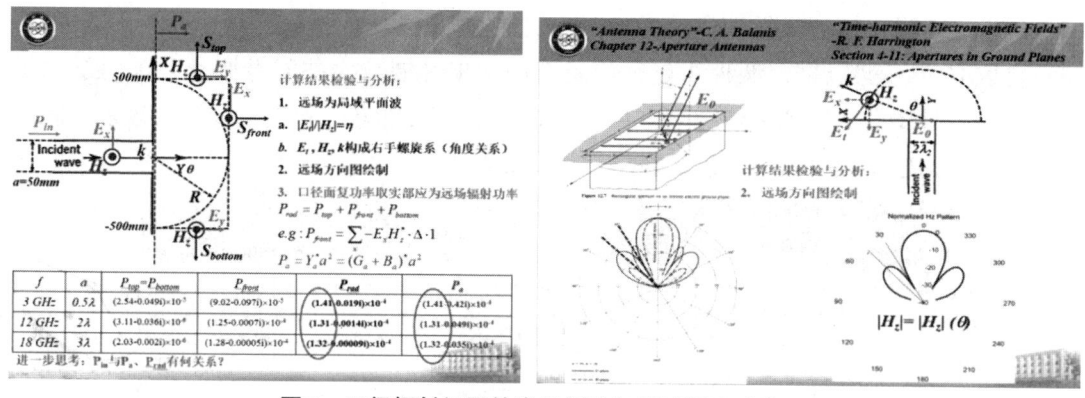

图3 口径辐射问题的常规解法与谱域解法对比

润物无声：从"修心性"切入涵养"真精神"

现代计算电磁学的蓬勃发展，为解决电磁问题带来了极大方便，但是，熊江认为，这也容易导致学生只重数值仿真，而忽略对根本电磁原理的理解，最终往往是在数值计算结果面前茫然无措。因此，引导学生去除浮躁心态，静心打好理论基础十分重要。

在熊江看来，科研工作者不仅要学习数理知识，也要学习电磁学界先辈们的治学态度。治学不但需要扎实的理论基础，更需要踏实的科学态度，尤其是孜孜不倦、深入钻研的治学态度。因此，在课程设计之初，课程组就有意将电磁学界前辈们的经历和感悟适时插入课堂，教学生为人为学的道理；而要让学生明白这些道理，生硬说教只会适得其反，不如讲述故事，娓娓道来，润物无声。在课程教学中，熊江注重搜集和介绍前辈电磁专家学者的事迹、成就和心得体会，一方面向学生展示学好课程相关理论、打牢扎实数理功底的重要性，一方面通过故事引导学生努力学好专业知识和技能，培养学生踏实严谨的治学风格、实事求是的科学态度以及孜孜不倦的工匠精神，并鼓励学生今后为建设国家、造福社会作出贡献。

有一次课间休息，熊江向学生分享了电磁场天线专家、南京信息工程大学文舸一教授的一篇博文，题为《我在加拿大的一些科研经历——谨以此文纪念Bob Collin教授》。这篇文章在追忆Collin教授生平的同时，也谈及了文教授那一辈电磁场学者在最初学习专业课程的经历，并强调了学好基础理论课程对于今后研究工作的深远意义。

"20世纪90年代，文教授还担任过电子科大应用物理研究所所长，与成电有不解之缘。"熊江还回顾了文舸一教授在"电小天线"的一个学术问题上与其他国际知名学者长达数十年的"论战"，希望学生们像文教授那样坚守学术阵地、发扬求实求真的高尚学术品格。

不断优化：教学良性互动形成效果"正反馈"

《礼记·学记》曰："是故学然后知不足，教然后知困。知不足，然后能自反也；知困，然后能自强也。故曰教学相长也。"

自2013年开课以来，课程组就坚持每学期期末开展翔实的问卷调查，了解学生的学习情况、心得体会，以此为依据全方位评估本学期的教学方法和战术战略的效果，同时收集学生的意见建议，以便不断改进教学效果（见图4）。

调查问卷结果

1. 第1、2章基本为初等电磁场课程内容，对于该部分内容的处理我更希望：
   a. 与本期处理相同，快速串讲结合习题复习 47.9%
   b. 基本是本科内容，已经学得比较好，不必在课堂上再讲，可直接从第3章开始课堂讲解 7.6%
   c. 本科电磁理论没有学得太好或者理解得不好，需要再更详细讲一下 41.2%
   d. 以上都不是，对于该方面我的建议是____ 3.4%
2. 老师课堂上针对物理意义讲解对于我来说：
   a. 基本上都能理解 24.8% b. 能理解一部分 73.5% c. 基本上都不理解 2.6%
3. 我对于老师的教学进度：
   a. 完全能跟上 9.6% b. 有一些吃力但尽量跟上 83.5% c. 完全跟不上只能放弃 7.0%
4. 我对于老师每节课内容和信息量的感觉是：
   a. 偏多 34.2% b. 适中 62.4% c. 偏少 3.4%
5. 我对学习该课程的难度总体感觉是：
   a. 很难 39.1% b. 有一定难度 53.9% c. 适中 7% d. 较容易 0% e. 很简单 0%
6. 学完本期课程的总体感觉有收获吗？
   a. 比较有收获 69.6% b. 一般，凑合 26.1% c. 没什么收获 4.3%

图4 课程组制定的调查问卷分析报告

多年来的问卷反馈让课程组不断扬长补短，不断完善教学方法、调整教学方略，让教和学之间形成良性的正反馈，在往届学生们之中赢得了良好的口碑。

原物理学院直博生、现物理学院优秀青年教师王任副教授认为，"熊老师善于引导学生思考知识点在学术研究方面的潜在应用。在讲镜像原理时，他提到了源和边界的八种基本情况，还让我们思考这个知识点的用途。后来，我从这里出发深入钻研，最终大幅扩大了相控阵的扫描范围，并作出了一些研究成果。可以说，熊老师让我们在接受知识的同时也在努力创造知识。"

针对学生反馈"期末考试难度较大"的问题，课程组经过考虑，增大了平时考核成绩的比重，同时将编程训练等纳入考核范围，不单单以期末考试"论英雄"，这样能确保大部分认真学习的学生拿到不错的分数，同时，又维持了期末考试题目的难度，更能体现出学习效果的差别。

"高等电磁场理论"课程的改革和完善还在继续。随着梁锋、王任等优秀青年教师陆续加入精品课程建设团队，熊江表示，课程组将一起继续丰富和完善课程内容，以更好的方式引导研究生进入电磁场研究的大门，在学生们的"学术修炼"道路上帮助他们更好地打通"任督二脉"。

作者：王晓刚　苟灵　陈浩亮

原载于2020年10月21日电子科技大学新闻网，有删改

把"平行线"变成"同心圆"
——记物理学院基于项目的研究生创新培养计划"电磁器件智能设计能力提升计划项目"

在课堂上学习到的理论知识不知道往哪里用,做科研时又苦于没有相应的基础支撑,这是令许多研究生苦恼的挑战。如何在教学中打破理论与实践割裂的僵局,引导学生把理论与实践统一起来?

今年8月,由研究生院、物理学院共同开展的基于项目的研究生创新培养计划——"电磁器件智能设计能力提升计划项目"——给出了自己的答案,有效地把理论与实践的"平行线"变成了"同心圆"(见图1)。

图1 王秉中教授在介绍课程

改革创新:项目专设"实践模块"

为了全面推进落实全国研究生教育会议精神,持续深化研究生教育教学改革,提升课程质量,学校在2020年启动了"基于项目的研究生创新培养计划"项目建设工作。物理学院积极响应,很快推出了"电磁器件智能设计能力提升计划项目"。

"电磁器件智能设计能力提升计划项目"面向在学研究生（包括硕士生和博士生）和应用物理强基计划高年级本科生，重点培养学生在电磁器件智能设计方面的方法创新能力和实践应用能力，力求培养自主学习、自主探究的科研型人才。

今年8月暑假期间，该项目的实践模块——"电磁器件智能设计实践训练"暑期训练班顺利开班。该训练班以"电磁器件智能设计"为主题，教学内容分为3个专题，包括20学时的课堂研讨和9天的学生课外实践。来自全校不同专业的27位博士生、硕士生和高年级本科生参加了暑期训练班的学习。

项目组负责人、物理学院院长王秉中负责本次暑期训练班的教学工作，主讲教师有王秉中教授、邵维教授（见图2）、王任副教授三位老师。王秉中表示，要做到理论与实践的"知行合一"，不仅要在内容设计上改革，也要在教学模式上创新，引导学生把理论与实践融合起来，不仅要掌握电磁器件的智能设计方法，而且要提升创新思维和实践能力。

秉承"立德树人，服务需求，提高质量，追求卓越"的指导原则，"电磁器件智能设计能力提升计划项目"以"授课+研讨+长期综合设计"的全新形式，使"理论课"与"科研"水乳交融。课程的改革经验，显示出了重要的学术价值和工程应用前景。

图2 邵维教授在集中授课

循序渐进：根据实际设定难度

"电磁器件智能设计"共有3个专题，每个专题的教学都采用了"授课教师引导+小组学生研讨"的教学模式。在前期了解的基础上，项目组考虑到学生可能无法快速适应课题设计时间紧、任务重、难度大、要求高的特点，因此，在专题设计上，除了答疑解惑，还在教材、PPT的编辑上尽量贴合学生的知识水平，引导学生渐入佳境。

教材怎么选，对学生学习很重要。项目组没有简单地拿来就用，而是在把握教学规律的基础上，结合学生的实际情况，动手自编课程讲义，传统的教材只被列为参考或建议阅读书目。

据介绍，新编的课程讲义涵盖了所在专题的主要知识框架，在设计上以引导为主、解释为辅，囊括了当前该专题学术范围内的主要研究领域。即便是没有接触过计算电磁学的学生，也能相对容易地进入学习状态。每个专题后面还设有可供学生选择的设计案例（见图3）。在案例选择上，老师们筛选出了最符合课程进度和学生知识体系建设的案例，帮助学生循序渐进地掌握课程知识。

授课用的PPT也经过授课教师的反复打磨。例如，项目组王任副教授在"拓扑优化算法与电磁器件的逆设计"专题中讲到拓扑优化算法时，以斯坦福大学的一篇经典文献为依托，根据自己的理解对原文中的图做了少许改动，以更方便学生理解。

刘欣学生在学习了该专题之后表示："王任老师的讲解条理清晰，用独特的方法诠释了晦涩的知识点，通过老师PPT上的图解，我在阅读相关文献、理解算法含义等方面都取得了长足的进步。"

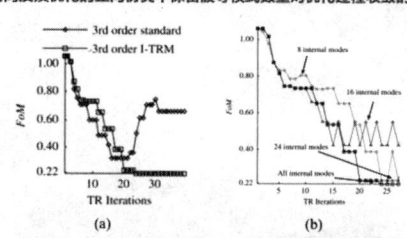

图3　课后实训案例

融会贯通：理论实践辩证统一

电磁器件智能设计的方法创新及工程实现，涉及数学反问题建模、电磁逆散射分析、工程逆设计方法、电磁器件实现技术等诸多方面，具有融合数学、物理、工程、技术多学科知识和能力综合达成的特征。

邵维表示："课程涉及的高等电磁场理论、格林函数、计算电磁学等知识，需要学生理解很多数学推导和物理意义，如果不辅以实际的案例设计，很容易使学生困在纯理论推导的境况中。"

为了避免学生只知理论、不知应用，致使理论知识成为"空中楼阁"，项目组基于"知行合一"的理念推出了新的教学模式，即：每个课题设计用三天时间来学习，第一天上午老师只讲授课题设计的基础理论知识，其余时间由学生分组进行案例设计。王秉中在课堂上对学生的要求是："案例做到哪里算哪里，做不完也没关系，但是一定要动手去做，动手去写程序。"

正所谓"实践出真知"。在课题设计中做到理论与实践的辩证统一，学生才能真正透彻地理解知识，才能把理论落到实践层面，真切体会到理论知识的运用过程（见图4）。学习了理论知识进而进入编程实现，这是"学以致用"；设计案例的过程中促进对所学理论的掌握，这是"用以致学"。

据介绍，该课程的三个专题的案例设计均需要通过编程来实现，而程序的编写思路、程序中的具体公式，都需要学生在熟悉理论知识的基础上提炼、整合，融会贯通。

图4 学生分小组进行实践

师生互动：教师引导学生研讨

在案例设计的过程中，王秉中综合考虑学生学习方向的不同，将学生分为三个组，每个组都由来自不同教研室的学生组成。在课题研讨过程中，学生结合自己所学提出对课题的见解，并分工合作进行文献解读、代码复现。对于课题设计过程中出现的困难，大家能够做到齐心协力、集思广益。在做第一个专题的三天时间里，王秉中发现，学生的协作越来越好，不断增进了团队合作的默契与信心。

在专题进行的第二天和第三天，学生们来到会议室作分组汇报，介绍设计进展以及设计经验。在分享经验的过程中，其他学生也能相互印证，从中汲取对自己的课题有帮助的观点和方法，同时加深对理论体系的理解。

对于学生在设计过程中的疑难问题，老师也会结合课堂内容做详尽辅导。邵维注意到第三小组对课题的展开有点困难，协助学生们改换了课题；有学生汇报的PPT非常精简，但没有很好地展现小组合作和研究的过程，邵维建议该小组的学生："研讨，不仅在于展示成果，更在于分享过程，既要分享小组如何协作，也要分享设计过程如何展开。"

在课题设计中，选择一个正确的方向会起到"事半功倍"的效果，相反则导致"事倍功半"的情况。在每天的研讨中，老师都会及时对学生的探索方向做出引导和指正，确保学生在探讨设计中能以课题为中心，以专业知识为基础展开，保质保量地完成课题设计作业。

立德树人：课程思政润物无声

课程组始终坚持立德树人根本任务，潜移默化地引领学生立大志、担大任。王秉中在"计算电磁学"专业课教学中挖掘思政元素，将专业知识与社会热点，行业形态热点以及国际形势热点相结合，培养学生正确的人生观、价值观和世界观。

在介绍本课程的后续研究时，王秉中勉励学生们："近年来，我们国家的科技发展突飞猛进，但也正面临一系列'卡脖子'的问题，大家选题时要不怕困难，勇往直前，把在本课程中所学的思路和技术用在国家亟须的研究领域，努力为国家发展做出自己最大的贡献。"

邵维表示，"电磁器件智能设计能力提升计划项目"以"授课+研讨+长期综合设计"的全新形式，使"理论课"与"科研"水乳交融，进一步强化科研育人，做到研究型的教、研究型的学。学生们把理论知识与科研项目实践相结合，通过综合性、设计性实验教学，以及科教融合的科研实践训练过程，潜移默化地塑造学生求实、合作、严谨、周密、坚韧的科学精神，强化为国家科技事业贡献力量的责任感和使命感。

王任在指导学生案例设计过程中，要求学生们按照项目驱动的模式进行课题设计，学生结合自己所学提出对课题的见解，并分工合作进行文献解读、代码复现。对于设计过程中出现的困难，大家齐心协力、集思广益，随着团队合作的默契与信心的提升，学生们自主学习、吃苦耐劳、科研创新、团队合作能力和开拓创新的工匠精神都得到了很好的锻炼。

着眼未来：把短期收获转化为长期能力

为期9天的实践训练，使学生对电磁器件智能设计有了一定的了解，设计能力有了迅速提高，打下了电磁器件智能设计的基础。为了使学生能把握好这个基础，并在该基础上不断开拓创新，把短期收获转化为长期能力，该课程还设立了为期一年的长期项目。

据介绍，学生在项目组老师指导下所选的长期项目，一方面要结合科研项目，一方面必须是电磁器件智能设计的综合设计项目。这样做，是为了助力学生在后续的学习上把握方向、抓住重点，有利于研究生阶段的整体规划。

在课程考核上，不再局限于仅"课堂+考试"的考核模式，而是兼顾了"课程模块、实践训练、综合设计与相关讲座"，将长期项目与相关讲座纳入考核，延长了课程的考核周期，同时拓宽了课程的考核范围，有利于开阔学生的眼界，学习到当前数学、物理、工程、技术等领域的前沿知识。

项目组强调"要以发展的眼光看问题"。经过为期一年的长期项目与讲座知识的不断汲取，学生的知识体系将会不断得到重构与更新。与此同时，学生在不断发展中将各个阶段学习到的知识融会贯通，对于课题的研究也将不断趋于深入。

电磁器件智能设计方法以拓扑结构演化类算法为核心，可以用于天线、波导、多功器、耦合器等电磁器件设计，展示了传统设计方法难以实现的功能和难以达到的性能，极大地拓展了电磁器件设计的解空间和自由度，提高了电磁器件的集成度和性能。这门课程的设立，正契合了当今时代电子信息类人才的培养要求。

在项目组老师的共同努力下，这门课程做到了打破理论实践"平行线"的隔阂，使得理论实践变为"同心圆"共同发展。项目组表示，在之后的课程设计中也将力求做到更加贴合时代发展与人才培养的需要，着力打造愈加完善的精品课程。

相关链接：

为了全面推进落实全国研究生教育会议精神，持续深化研究生教育教学改革，提升课程质量，电子科技大学于2020年启动了"基于项目的研究生创新培养计划"项目建设工作。通过"基于项目的研究生创新能力提升计划""基于项目的学科（类别）核心课程群（模块）""基于项目的研究生精品课程"三类项目建设，从培养方案、课程体系、课程三个层次改革研究生培养和教学模式，进一步完善科教融合、产教融合育人机制，培养具有知识创新能力和实践创新能力的高层次人才。

本项目属于"基于项目的研究生创新能力提升计划"项目，通过加强与服务国家重大战略需求的知名科研院所和行业领先企（事）业单位合作，基于实际科研合作项目，构建多学科（类别）交叉融合的课程体系，引入新的教学模式，强化科学思维和素养培养，重点提升学生跨专业的系统分析、设计与集成开发、研究与创新能力，培养宽广的视野、良好的职业素养和发展潜力，能服务于产、学、研等领域的相关工作。项目为学生提供多模块课程和基于实际项目的实践机会，学生可根据自己的兴趣、需求和时间选择课程模块和实践项目，经考核合格，便可获得学校颁发的研究生创新能力提升计划项目证书，提升就业竞争力。

作者：刘欣　苟灵　周晓宁
原载于2021年9月12日电子科技大学新闻网，有删改

在案例沉浸式教学中GET数据分析新方法
——记经济与管理学院"数据分析与决策"课程的教学改革探索

地铁站点瞬息万变的大通量客流数据怎样监测？超市数以万计的销售订单数据能够直观可视吗？在研究生精品课程"数据分析与决策"中，经济与管理学院方佳明教授介绍完"数据可视化"主要的可视化制图规则与图形后，自然切入现实中鲜活的应用场景，引导学子使用R-ggplot2和Tableau分析地铁站、航空公司、超市等实际具体的数据案例，锻炼学生的思维能力和动手操作能力（见图1）。

图1　方佳明教授线上授课"数据分析与决策"

这种将理论与实操训练紧密结合的"去枯燥化"授课方式，是案例沉浸式教学的一个缩影。"数据分析与决策"课程自2016年开设以来，就受到学生的良好评价，每年选课学生人数持续增长，不仅吸引了经管学院学生，也引起了其他学院研究生的关注。每一次评教，学生们都给了方佳明教授很高的分数，看似枯燥的专业基础课能受到学生的欢迎并激发学生们的学习兴趣，他有什么妙招？

制胜课堂：案例沉浸式教学法

学生的认同是方佳明致力教学改革的不竭动力。笑起来让人感到温暖的方佳明，2005年7月在电子科技大学经济与管理学院获得管理学专业学士学位后，2009年12月又获得了管理科学与工程专业博士学位，并留校任教至今，走过了十二载春秋。

方佳明虽有多年的执教经验，但他依然保持着刚走上讲台时的那份热情与活力，不断思考与探索教学方法改革，而案例沉浸型教学方法，就是他长期探究实践后制胜课堂的"法宝"。

2014年，方佳明在美国北得州大学商学院做了一年的访问学者。期间，国外小班教学、全员参与的教学方式，以及自由的教学理念给了方佳明很多新的启发。他专门访问了3D学习环境研究实验室以及学习技术高阶研究实验室，不仅拓宽了他对虚拟现实、增强现实、3D环境技术等创新性技术在教育学习领域应用的认识，更重要的是触动了他思考如何借助信息技术更好地促进沉浸型教学的开展。

"数据分析与决策"是管理科学与工程专业研究生专业核心基础课之一，方佳明发现，管科专业主要使用数学建模、运筹与优化等为主的研究方法，专业学生从实证研究数据中发现规律、形成结论的能力尚存一定不足。鉴于这种特殊的背景，他在这门课程的教学探索中逐渐形成了自己"案例沉浸式教学"的授课理念。

"这其实是一种探究性的教学模式，即让学生参与到来自现实世界的真实数据案例分析中，将所学的理论知识在完成分析案例的过程中，在课程老师的指导下和同伴交流中进行理解、应用、整合与拓展，这往往能给刚刚接触到实证数据分析的研究生留下深刻的体验，再通过系统学习和训练，易于助力他们建立最基本的数据价值思想，找到分析基础性数据的方法，为今后的研究生涯打下较为坚实的数据分析基础"。

案例沉浸式教学偏重于动手实操训练，在训练学生数据分析技能的同时，也可以对学生的思维方法进行锻炼。方佳明认为，在数据分析实践中，有些思维模式是必要的（如向上思维、下切思维、求同思维、求异思维、联合思维、因果思维等）。通过实际数据分析案例，可以锻炼学生的思维能力和动手操作能力。

在线授课过程中，方佳明结合各软件的优势，综合使用Zoom在线直播+视频录制+群讨论与分享的方式，取得了良好的教学效果。

"以知识点为核心组织教学""学生主要以理论知识学习为主""很少有应用实践机会"……在多数人的印象中，数据分析类课程不外乎这样的教学方式，但在方佳明看来，"数据分析与决策"课程虽包含了R语言与统计计算、数据整理与清洗、数据可视化技术、回归模型和正则化、监督与非监督学习等众多内容，但恰恰具有一定的情境应用性。

谈到"特别的授课方法"，方佳明解释说，"在课程的小组案例分析中，我往往会要求不同专业背景的学生3~4人组合在一起共同合作完成一个数据分析案例。数据分析案例/

项目从数据维度的选择、数据的整理清洗以及具体分析方法的选择都没有现成的标准答案，也不是对课程理论知识的简单的差异化情境复现，往往需要学生在掌握相应的理论知识基础上，通过多次比较、探索和案例小组的讨论才能得到有价值的实施路径方案和分析结论。通过与金融、信通、自动化、管科等不同专业的学生的讨论与交流，可以帮助学生深化对课堂理论知识的理解与拓展。"

成绩考核：学到东西比考高分更重要

如果你希望的是，一门课程能轻松通过并不占用你太多的时间和精力的话，方佳明（见图2）俨然算不上你心目中的"好老师"。因为方佳明教学的一个特点，就是特别注重课程的参与和实践。

图2　方佳明（前排中）和川农智慧城市与商务智能团队在联合学术活动中留影

在方佳明看来，"数据分析与决策"课程有较多的理论知识，且有一定难度，知识在实际应用中有一定的技巧，需要大量的实践才能掌握其中的精髓。课程性质决定了这一大类的课程内容是经济管理类学科学生必备的基本知识，更是以后做实证研究的基础，所以这类课程一定要学生参与实践，真正地掌握运用，才能达到教学目标。

方佳明一直秉持"学到东西比考高分更重要"的教学理念，对于高等教育来说，一门课程如果只是在向学生们传输考点，然后通过考试来检测学生的学习成果是没有太大意义的，真正地让学生学到有用的知识，才是方佳明的课程所追求的。

为此，他特意每次都将自己的课程的考核方式安排成平时成绩和期末考试各占百分之五十，这一半的平时成绩中包括3～4次个人数据分析和2次小组数据分析案例以及1次综合性的个人数据分析课程课业，而另一半的闭卷考试主要考核的是学生对R语言进行数据分析能力以及理论知识的理解与应用能力。

这样的规定，就是希望学生们可以重视课程的参与，并认真对待布置的作业，操作实践过程中遇到问题能及时交流，主动分享小组的汇报数据并分析案例。"学生积极主动参与课程互动才会有收获。"因此，方佳明还不断完善与更新课程教学数据分析案例，使得课程的分析案例内容与时俱进。

与此同时，方佳明的课堂，也是一个他将科研项目、工程实际与教学相融合的地方。除了自己独立制作课件以外，方佳明都采用无课本教学的方式。他说，他这样做并不是因为市面上的好的教材找不到，而是因为他希望能够将自己的科研成果和工程实际与自己的教学相融合，传授给学生们更多他关于这个学科领域亲身的体验与感悟，而不是拘泥于一个课本的编排和内容。

踏实践行：将三位一体的教育落到实处

作为研究生精品建设课程，"数据分析与决策"课程将"价值塑造、能力培养、知识传授"三位一体的育人理念贯穿课程始终。

方佳明坚信善良比聪明重要，缺乏善良的聪明最后成就的只是一个精致的利己主义者。因此，他将塑造学生正确的价值观作为课程的立足点放在首位，在课程的内容设计中大力加强价值观教育，将社会主义核心价值观、课程思政内容融入数据分析的案例背景当中。

例如，在课程中，他巧妙设置了数据爬虫与用户隐私保护底线，数据驱动的环境保护与治理，中国女排奥运会冠军与文本数据分析，基于大数据技术的城市多部门联动智慧治理平台架构等多个案例。

同时，课程秉承"授人以鱼，不如授人以渔"的基本理念，课程教学强调培养学生灵活融合应用知识点的能力，通过数据分析案例提升学生综合应用与拓展相关知识进行高质量实证数据分析的能力与水平。

立德树人是高校立身之本，是教师立学之本，是学生治学之基。谈到对在教学中贯穿"立德树人"的看法，方佳明认为，当代大学生包括研究生不仅要学习理论知识与技能，更要树立正确的世界观、人生观、价值观和荣辱观。

"道德血液在我们这个泱泱大国流淌了数千年，崇德向善已经成为中华民族的优良传统和生生不息的强大动力。宋代杨时就曾说过'一德立而百善从之'，说明品德修养的重要性。因此，作为生产和传播知识与文化传承重要载体的高校课堂，教学需要坚持把立德树人作为重要环节，将思想政治工作润物无声贯穿教育教学全过程。"方佳明如是说。

作者：罗莎　苟灵

原载于2020年4月20日电子科技大学新闻网，有删改

把知识产权意识种进学生心田

——记经济与管理学院"知识产权与信息检索"课程的教学改革探索

"虽然受新冠疫情影响,我们正经历风雨,但没有什么能阻止我们践行创新驱动发展强化知识产权教育的步伐。"谈起教授的"知识产权与信息检索"课程,课程项目组负责人、经济与管理学院教授肖延高颇有一番话要说。

众所周知,知识产权在激发创新者热情、保护创新者科研成果上发挥着"利器"作用,在小到企业、大到区域乃至国家的可持续发展中,是创新驱动的源源动力,也是核心的战略资源。

基于此,在硕士研究生中开设"知识产权与信息检索"课程,增强学子的知识产权意识,帮助他们获得创造、运用、保护和组织知识产权的能力,是我校人才培养不可或缺的部分。

十年磨一剑:跨学院协作结硕果

回溯我校对知识产权的教育探索,长期致力于知识产权管理研究的肖延高将其高度概括为课程立项和开发、教材出版和课程开设及课程优化和教材再版三个阶段。

创新驱动最核心、最本质的就是知识产权驱动。知识产权只有运营起来,才能够为企业打造核心竞争力提供有力支撑,才更能体现其本身的价值。

2008年6月,学校研究生院希望经济与管理学院牵头组织师资力量,完成工程硕士研究生"知识产权基础"的课程规划。当时正在英国谢菲尔德大学访学的肖延高,毅然挑起了担任课程组组长的重担。

为了保证课程建设的顺利进行,在经济与管理学院牵头组织下,来自公共管理学院、图书馆、科学技术发展研究院等单位的相关教师和研究人员十余人走到一起组成跨学院课程组,满怀激情投入工程硕士"知识产权与信息检索"课程开发和教材建设中去。

十年的历练之路,课程组(见图1)的不懈努力换来了一系列醒目的成绩:2014年,学校中细软知识产权研究中心成立;2015年,由四川省知识产权局批复,"四川省知识产权教育培训电子科技大学基地"和"四川省知识产权远程教育平台电子科技大学分站"成立,电子科技大学成为四川省知识产权教育的重要基地和标杆;构建起知识产权远程教育平台,连续举办"成电知识产权管理论坛",吸引了一大批知识产权学界和业界的大腕云集电子科技大学;由肖延高担任主编的《知识产权》教材,经科学出版社出版,被国内十七所大学选为教材；课程组成员主持并结题两个国家社科基金项目；3个教学案例入选哈佛案例库和欧洲案例中心，其中一个案例已成为最受欢迎企业管理案例……

图1 "知识产权与信息检索"研究生课程教学团队骨干师资

复合师资：教学质量不掉链有保障

知识产权课程要求老师本身是要有技术背景的，才能与搞创新的学生贴得更近；知识产权本质上属于法律制度，因此团队里要配备懂法学的老师，信息检索其实是知识产权学习的助推工具，需要有非常丰富的信息检索经验的老师进入……

12名不同领域的骨干教师加盟课程组，公共管理学院讲法学的老师、图书馆从事信息检索的老师、科研院从事科技创新和知识产权管理的老师等，组成了一支跨单位、跨专业、跨团队的复合型师资队伍，既成为"知识产权与信息检索"的课程特色，又是特色课程制胜的前提和保障。

不同类型的师资聚集到一起，思维碰撞往往产生灵感的火花。在具体的教学实践中，项目组实现了教学大纲、教案讲义、教材、考试的"四个统一"，让教学内容组织更加清晰明了，确保课程项目运转更加"顺畅"。

十余位骨干成员始终协力共进，围绕教育目标设定、教学内容建构、教学方法优化、适用教材建设等进行了持续的探索和实践，让开放式教材得以实现。

课程组多次研讨、交流、碰撞，通过赴外学习、随堂听课、专题讨论等形式，教师们不断完善教学内容，改进教学方法，提升团队的教学能力，在不断探讨总结中精进。

为进一步加强课程建设，肖延高带领课程组骨干老师，紧锣密鼓地干了三件事：重编讲义、重录慕课、重写教材。

　　在教学内容上，符合国家创新型建议，严格按照创新的过程来安排课程设计，注重方法、工具的运用；在案例内容上，在专利版权上，以"培养行业领军人才"为指导，引导学生做好风险管控，高瞻远瞩对未来职业生涯的帮助；实现"技术+管理"的人才培养理念，引导学子从工程师向高层管理人员的转型。

　　为了与实践结合得更紧密，课程组邀请业内从事专业技术代理运营的专业人士担任讲师，一批企业高管、资深专利代理人、优秀执业律师等进入部分课堂，在教学过程中有针对性地开设知识产权检索与利用、知识产权保护等方面的专题讲座或课程模块。

　　此外，结合案例教学法，校外导师们还深入研讨和复盘学员在创新过程中遇到的知识产权与信息检索的困境，帮助大家探究解决之道，这些教学内容和教学方法上的改进，受到硕士研究生们的普遍好评和点赞。

教学创新：打破传统　　课程内容得优化

　　除了激情与投入，取得成绩的背后，是什么力量推动"知识产权与信息检索"课程项目组不断突破，收获满满的呢？

　　在肖延高看来，不断改进知识产权课程教学方法，优化课程内容体系，是课程组不断向前迈进的关键。

　　因知识产权本身的法律属性，很长时期以来，有关知识产权与信息检索的教学内容一直围绕知识产权类型即专利、商标、著作权、商业秘密等展开。

　　在电子科技大学硕士研究生知识产权与信息检索教育初期，课程组也是按照这样的体例和逻辑关系来构建课程教学内容的。

　　但随着教学实践的不断深入、授课对象的不断拓展，课程组很快发现，在技术创新和商业实践的不同阶段，面临的知识产权风险各不相同，传统的教学内容架构无法准确帮助学员识别不同的风险，也无法有针对性地提供相应的知识产权风险管控策略。

　　而识别和管控创新过程中的知识产权风险，恰恰应是理工科硕士研究生亟待掌握的技能。

　　既然创新过程包括技术研发、创新成果转移、创新成果扩散几个板块，知识产权管理行为又包括知识产权的创造、运用、保护和组织与战略几大部件，并且二者高度契合，为什么不能打破既有按照知识产权类型安排教学内容的体例，重新设计和架构"知识产权与信息检索"课程的教学内容呢？

　　不破不立。从2014年1月起，受学校研究生院立项资助，"知识产权与信息检索"教育课程开发和教材建设项目再次出发，课程组对课程的教学内容进行了颠覆式重构，始终围绕创新过程中的知识产权风险识别和管控来开展教学活动，取得了显著的教学效果。

立德树人：坚持"三高一低"立标准

问起课程收获，学生们表示不仅获得了许多关于专利方面的知识，增强了创新实践的知识产权与信息检索意识和能力，还了解到团队创作中保护自己知识产权的重要性，也为营造良好的创新创业氛围打下了基础。

"在立德树人上，我们一直坚持在做一项事情，那就是'三高一低'。"谈起课程项目希望发挥的人才培养作用，肖延高如是总结。

课程组引导学生站位要高。因为"发乎其上得乎其中"，就是要引导学生从国家、民族的高度去看知识产权问题，怀着家国情怀，践行"求实求真、大气大为"的校训精神，去引领国家的产业技术创新发展。

课程组强调学生的道德情操要高。其实就是要求学生"修炼"内心，这是立德树人的内在要求，也是影响别人、引领做人的核心内驱。

课程组希望学生能力要高。通过课程的学习，能收获识别风险的能力、具备解决实际问题的能力。

课程组引导学生做人姿态要低。待人接物上，引导学生不妄自菲薄，夜郎自大，而是强调团队的协作精神。

刚刚闭幕的2020全国两会上，"加强知识产权保护"再次成为今年政府工作报告中强调的内容，代表委员们在审议和讨论中就"知识产权"展开热议，肖延高看在眼里，高兴在心里。

他认为这既体现了国家层面对知识产权保护的充分重视，也显示出国家实施创新驱动发展战略、保障创新创业热情的决心，顺应建设知识产权强国的时代要求。

"服务国家重大战略需求，与装发部、国家知识产权局加强加深协作，持续推进创新知识产权保护，讲好知识产权保护下的中国故事，传递中国好声音。"展望未来，肖延高对课程组发展充满坚定信心。

作者：罗莎　苟灵

原载于2020年6月9日电子科技大学新闻网，有删改

沉浸式案例教学,打造学习型课堂
——记经济与管理学院"风险投资与创业融资"课程的教学改革探索

"'风险投资与创业融资'是一门应用性极强的课程,为MBA学生提供了创新创业过程中面临的企业运营、财务管理、创业融资、资本市场等多方面的基本知识和专业技能。通过课程设计,引导学生结合经济活动实践去分析问题、判断问题并为解决问题提供方案,不断锤炼实际操作能力;希望帮助投身于创新大潮的新生力量,学会科学合理地运用资本市场工具,服务于科技创新和技术创业,最终达到提升创新创业能力的目的。""风险投资与创业融资"课程负责人、经济与管理学院副教授尹宇明如是说。

作为在全国首批开设的创业融资类课程,"风险投资与创业融资"(见图1)自2007年开课起,一直受到学生的广泛好评;2017年该课程上线爱课程平台,面向全国学习者开放,至今已开课7轮、超过4万的学生选课,成为创业类MOOC课程中深受学生欢迎的课程之一。

图1 "风险投资与创业融资"课堂上,MBA学生正在参与沉浸式案例研讨

知识传授为基石，思维训练作目标

新时代创新创业的浪潮奔涌向前，科技创新与金融市场的有机结合成为推动科技进步和企业发展的重要力量。在实践教学中，围绕创业融资准备、创业融资过程、创投双方共赢三个模块，尹宇明注重以专业知识为主线、提升实践能力为目标，既讲解专业知识培养学生的经济管理思维，又通过大量案例的分析，培养学生在经济实践中的分析判断能力和实际操作能力。

2019年风云际会的资本市场上，多家创新创业企业在短时间内急速发展，通过不断扩张上市，引起学生们的极大兴趣。因此，尹宇明在众多的现实案例中，选取了正值快速发展期的瑞幸咖啡作为分析对象，并把这一案例放进了MBA课堂上，作为课程案例讨论的一个环节。

通过营造沉浸式学习场景，学生们围绕瑞幸咖啡的财务分析、融资需求等方面深度分析这一案例，体现出浓厚的学习兴趣和研究热情。课堂讨论前，大家就各展才能提前做足功课，了解瑞幸咖啡的运营背景、经营模式、发展中遇到的现实瓶颈等。

在外界普遍赞扬瑞幸咖啡快速发展的声音中，尹宇明引导学生拨开现象表面的迷雾，综合运用所学的金融财务知识，结合课程中讲授的融资分析方法，深入思考瑞幸咖啡在资金层面可能潜在的危机，分析案例公司在融资上可能会存在的问题，同时要求学生代入自己的假设身份去思考并提出建议。

一石激起千层浪。这全套动作，要求每个学生独立完成，每个人都需要对公司做深度的分析，再结合课堂上所学的知识，写出自己的结论。通过调查研究，学生们很快发现瑞幸咖啡在扩张过程中会在融资需求上遇到较大的缺口，甚至带来风险。

课堂上的讨论异常活跃激烈，大家各持己见，有认为财务困难能被克服的；有学生去现场调研，甚至还尝试了解加盟的实际情况。除了老师给出的课堂资料，学生们经由实践反馈给出了更加翔实的资料，进一步训练了运用所学理论知识指导实践认知的能力。课堂环节结束后，尹宇明要求学生进行撰写财务报告等实操训练，不仅帮助学生深刻认识企业融资策略，还助力学生进一步理解创业企业估值、创业融资合约等专业知识和经济原则。

因势利导的独特授课方式，结合数据进行深度讨论的课堂以及课后开展的深入调研，学生们对这样既从投资者、又从管理者的角度出发去思考问题的学习方式印象深刻，并发现自己渐渐培养了对经济问题的敏锐感，感到获益良多，也能一直保持对课程学习的热度。

打造"三位一体"的学习型课堂

"我希望课程结束后，学生不是记了一堆知识点，背了一堆概念，而是真正学会了这个方法，并学会了深度思考。"对课程教学要达到的效果，尹宇明如是认为。

如何让创新创业的学生更了解新兴的金融工具，帮助他们认识到企业融资等市场运作过程是怎么回事，真正能在实践中合理运用资本、助力实体经济的发展？自课程开设以来，尹宇明一直在思考这些与教学相关的"大事儿"。

2020年，尹宇明参加美国威廉玛丽学院的"高等教育教学培训项目"，深刻体会到了"站在学习者的角度，重塑课程"这一理念，让她更深刻地认识到不仅要教学生知识点，更要引导学生在实践中遇到问题时，能通过所学解决问题。结合国际前沿的教学理念和教学方法，通过不断的实践摸索，最终尹宇明选择了课前引入思考、课上深度讨论、课下自我反思的"三位一体"的方式进行课程的设计和改进，打造学习导向型课堂。

在课程内容上，尹宇明以风险投资的全过程作为一条线来开展课程设计，她会把案例教学设计成一个浸入式场景，让学生产生自我驱动，根据面临的实际问题，思考并设计融资框架，进而能够沉浸式学习，对知识点产生一种内生需求。

她引导学生从对案例的讨论入手，先进行深度思考，由学生自我发现隐藏其间的概念、规律，再根据已有的经验升华点评，让学生真正能深刻理解课程本身要传达的积极思想、管理理念、思维方式以及处理问题的方法论。

"我们往往选择一个可持续的案例，没有结论，学生们有不同的想法和看法，课堂上老师也不会当场给结论，我们就是要运用知识来训练自己的思维。我常常对学生说，我们一年后再来看当时自己的想法，要不要调整，当时建立的分析框架，是否要完善；甚至是5年后乃至10年后的升华……长期的训练，一定能帮助学生得出一套独特而又科学的分析方法。"尹宇明分享道。

老师不仅是教学者，也是学习者

教好这门与实践结合得如此紧密的课程，需要教师广泛接触新兴案例，在尹宇明看来，找出适合课堂可持续教学的案例至关重要。

除了关注经济新闻里有代表性的事件、实地调研企业外，为扩充案例资源，不断充实自己的教学案例库，尹宇明还参考学习了很多在线课程。

在她的手机上，下载有得到、蜻蜓FM、混沌大学、樊登读书会等APP，她常常一有空就见缝插针地打开来听，有时在家、有时在路上、有时在等公共交通的间隙……通过各式各样的收听，从创新者的分享里，甚至是成长中的创业企业邀请的内部人士所做的分享中，尹宇明只要发现新案例的"点"，她一定会第一时间收集整理，成为课堂鲜活的第一手案例素材。

"一入网课深似海"，尹宇明笑称自己大部分业余时间都用于在线学习了。在她看来，老师不仅是教学者，也是学习者，在瞬息万变的新时代，教师必须保持终身学习的习惯，才能拥有在课堂上自如挥洒的自由。

"在中国，创新创业这是一个非常新的领域，新的企业、新的想法、新的思维、新的商业模式、新的投资理念,层出不穷。通过大量的创业者、创新者、企业家等的分享,不仅有助于教学这件事本身,同时也在不断突破自我认知边界。"尹宇明认为这也是自己课程外的收获。

将立德树人贯穿课程教学始终

在尹宇明看来,教学过程、教学知识点、教学案例的选择,始终离不开立德树人这一根本。

2019年起,"风险投资与创业融资"课程团队就开始进行"课程思政"建设,课程组在教学理念、课程设计、课堂教学、师生互动、考评机制、创业反馈等各个环节融入思政理念,力求实现思政教育播种在课堂上、收获于实践中。

有案例教学就会有争论有分歧,当争论出现的时候,尹宇明一直强调的一点就是实事求是。"每一代人都有自己时代的责任感,面对问题要科学分析,在决策有两难的时候,我们强调,一定要遵纪守法,坚持诚信,并运用所学所能去解决问题。"尹宇明说。

如何正确理解和把握"课程思政"的核心要义?"课程思政"元素如何更好地融入课程设计?"课程思政"案例如何选择和撰写?除了"法治精神""诚信为本",结合创业到融资的全过程,课程组还对教学内容进行了深度挖掘,提炼了"企业家精神、人民需求与商业机会、创业企业社会责任"等思政要素。

围绕"课程思政"建设的一系列问题,在实践教学中,课程组着力推动实现思想政治教育与知识体系教育的有机统一,通过持续关注学生创业实践、探讨学生对创新创业教育的真实需求,感受中国创业实践中的反思与升华,并结合创业者的真情实感,凝练成电学子的创新创业实践,打造有亲切感和时代感的思政案例。

在"课程思政"建设方面,尹宇明认为还有很大的空间,未来将在丰富课程内容、重构教材与改进教学方式上倾注心血,还需要更加主动地走近学生,了解学生关注点,通过润物细无声的方式向学生传播社会主义核心价值观,激发学生内在动力,让"课程思政"真正走进学生心里,融入成长过程。

作者:罗莎　苟灵

原载于2020年9月18日电子科技大学新闻网,有删改

别样精彩！导一部连接大洋彼岸的"教学电影"
——记经济与管理学院"品牌管理"课程的教学改革探索

"柴老师有一个神奇的特点——讲课语速很快，但每一个字都能听得清楚，极少有重复用语，没有废话，全是干货，每堂课都感觉收获满满，意犹未尽。"

"柴老师在营销、品牌领域造诣颇深，结合自身在顶尖咨询公司的实战经历，讲解生动、细节丰富，酣畅淋漓、引人入胜。"

"课堂上引用的案例非常新，且能根据学生反馈及时调整讲授内容，非常棒。在案例讨论分析中，老师的洞察力常常对问题的诊断一针见血、直击要害，让人有醍醐灌顶的感觉。"

置身宛如观看一场电影编导演全过程的课堂；带你与大洋彼岸的学生就同一议题展开热烈研讨；学习课程后的收获，不仅是知识的提升、眼界的开阔，还能在灵感迸发的师生头脑风暴中，为未来发展寻觅出提升之道……提起品牌打造，我校2019级MBA领航15班的学员们纷纷为"品牌管理"课程竖起了大拇指。

如何将一门高度系统化、理论化的课程诠释得深入浅出，课程负责人、经济与管理学院柴俊武教授（见图1）给出了一个形象的比喻："把整个课程的推进分成'编、导、演'三个部分，就像拍一部电影，在系统化的思维下，编剧如何编，导演怎样导，演员怎么演，将三个角色在课堂上充分融为一体，这是一门艺术。"

图1　柴俊武教授为学生授课

一本中西结合的教学"剧本"

"品牌管理"面向我校工商管理硕士开设,系统整合了经济学、营销学和现代管理理论等经济管理学科的相关理论知识,不仅是管理类专业的必修课程,也是其他理、工、文科专业的通识教育课程,经过多年建设,因其出色的授课效果受到学生的广泛欢迎。

互联网技术的发展、互联网思维的应用、互联网+战略的实施给传统的品牌理论带来了全新的变化,如何在复杂多变的市场环境中,走出一条行之有效的教育之路来,是执着追求精品化教学的柴俊武一直思考的问题。

怎样搭建课程的框架与内容?怎样才能让课堂更加有趣生动?怎样才能提高学生的实际运用能力……提到课程的编排,柴俊武(见图2)有自己独到的见解。

图2　柴俊武与学生一起讨论课程知识

"该课程在教学模式上对标哈佛等一流商学院经典成熟的课程体系框架,在具体内容上又根植中国本土情境,以中国本土案例及自编案例为内容,从而打造一套立足实际且面向国际的课程体系。"柴俊武分享道。

但运用西方的框架体系并不意味着就是复制粘贴那么简单,柴俊武追求对标国际却绝不照搬西方。

众所周知,管理学课堂与经典案例教学是紧密联系在一起的。在具体的课程内容建设上,"品牌管理"又讲究根植中国情境,大部分的案例均是来源于中国本土。"不管是知识点的呈现,还是案例的选取,这些内容都是本土的,并且这其中有许多案例都是我们自己开发的,有些已经入选了MBA教指委的案例库。"

在"品牌管理"课堂上，案例不仅仅有横向的中国本土化例子，更有纵向的实时更新，其重点是对营销管理的案例库进行重新修订和补充。

一是对一部分目前仍有后续发展的案例，补充完善它们的最新发展，使之内容更加完整；二是对目前理论界和实务界都非常关心的新经济环境下的中国企业营销，选择一批有代表性和典型意义的企业，组织课程组全体教师，按照教学案例的规范格式，重新编写案例材料，不断丰富完善课程案例库。

基于对中国市场的一种独特的考量，柴俊武选择以西方成熟的框架为支撑点，放入中国情境的具体内容，在中西管理学的交汇中，带领学生探索品牌管理的奥秘与真谛。

一部精彩绝伦的"教学电影"

"品牌管理"是一门综合性很强的应用型科学，如果只单纯依靠课程体系，想要讲好这门课，那仍有一段遥远的距离。

与单一的教学方式相比，柴俊武更偏向于对多元教学方法的综合使用。于是，32个学时的教学过程中，研究型教学、体验型教学、经典案例教学的身影也时常穿插出现。

接触"品牌管理"课程之初，柴俊武会让学员们从其所在企业中选择具有代表性的具体品牌，根据学员兴趣进行分组，每一小组都有各自对应的品牌与议题，按照课程构建的知识谱图和授课进度，每组学员需逐一对相关品牌进行分析、诊断并总结，在课程结束时，再针对现实品牌以团队方式给出完整的诊断书和优化意见方案。

在柴俊武看来，多种教学方法的综合使用不仅增强了学生们对于整门课程的新鲜感，保证了学员们的高度参与，更在实践中综合提高了学生们的团队协作能力与品牌管理能力。

多种教学方法的综合应用并不意味着毫无章法地杂糅编排，"品牌管理"的教学课堂是一个以PBL（problem-based learning）教学法为核心的完整体系。

超越传统教学中将知识讲授置于中心的理念与模式，该教学法将学习置于对复杂问题的解决过程之中，通过学生自主学习以及小组互助方式来寻求完整的解决方案，从而帮助学生重构知识体系。

在这部精彩的教学大片里，柴俊武并不是唯一的主角，事实上，每位学生都有担任"主演"的机会。

柴俊武说，PBL教学是一个十分开放的过程，学生由传统教学中被动的知识接受者转变成一个具有积极构建意义的、自我学习理念和能力的主动学习者，而老师则由传统教学中的知识传递者和权威者，转变为促进学生学习的引导者和支持者。

"其实大家都是主角。如果说在'编'的方面主要是以我为主，那么在'导'和

'演'上我会提前设计好，相当于是'场外教练'，师生一起共同去推进整个课程。"在柴俊武的课堂上，学生是积极主动的学习者，而柴俊武是在学生学习过程中的组织者、促进者和资源提供者，通过控制讨论场面，启发引导学生主动发现问题并想办法解决，进而掌握教学的进度、深度和广度。

一座交流协作的国际桥梁

除了中西结合的课程大纲和灵活多变的教学方法，柴俊武还"脑洞大开"，与美国名校的商科教授进行课程合作。在这一大胆的课程设计中，中美两国学生在跨文化的背景下进行品牌管理领域的"实验"。

在这里，来自中美高校的学员们聚在一起，组成一个跨国的团队；在这里，来自中、美、意、德等多个国家、不同语言的学员热烈探讨；在这里，关于同一个管理议题，不同成长背景的学员热烈探讨、碰撞思维火花……

"跨国的同期小组研讨，它形式上跟我们国内的这种分组没有太大的区别，但实际上执行效果上会有很大的不同。"对这种跨国团队的PBL教学方法效果，柴俊武充分肯定。

"第一，由于这个团队的组建是国际化的，所以这个过程当中必然会涉及多元化文化的碰撞。团队里可能有美国人、意大利人、德国人，当然也有可能是中国留学生，在这个过程当中，多元文化的碰撞，擦出智慧的火花，有助于学生们开阔国际视野，拓展认知边界。

"第二，跨国小组的组合本身就是思维方式的碰撞。你会发现不同国家的人，对同一管理议题的思维方式也是不完全一样的。所以这个过程中，学生们的debate（辩论）就比我们单纯的国内团队研讨更加激烈。

"第三，不同的老师在教学的过程也会有不同的侧重点，比如说我更多植根于中国情境，而美国的教授更多会考虑到美国或者说其他一个市场的特点，所以这个过程当中跨国团队就可以互通有无，更有助于帮助学生构建一张更加完善的知识图谱。

"第四，形式的变更使得大家投入更多了。这样的课程设计非常重要的一点就是，当它成为一个国际团队的时候，团队的督促性就明显增强了，也就是说通过这种形式，学生们会发现他们不仅代表着个人，还代表了学校，更代表了中国。这个时候学生们的契约精神、完成团队大作业的规范性就会更高，团队整体协作的效果也会更好。

"不断完善课程内容，使之更符合时代发展的需求；开发、融合和优化各种教学手段，进一步提升教学效果；建立完备的课程教学辅助材料，最终建设成为发挥电子科技大学以'互联网+'为导向的优势，适应MBA学生的需求，适合MBA课程教学需要的'品牌管理'课程体系。这就是我们课程组（见图3）致力的追求。"柴俊武说。

图3　课程组教师讨论交流教学改革

作者：罗莎　苟灵　何雨婷
原载于2020年12月29日电子科技大学新闻网，有删改

让学生掌握揭开社会奥秘的钥匙
——记公共管理学院"社会科学研究方法"课程的教学改革探索

"社会科学也是科学,容不得半点虚假,如果没有真功底,不掌握真方法,靠冥思苦想或经验判断都是绝对要不得的。"在"社会科学研究方法"课上,公共管理学院祝小宁教授(见图1)常这样告诫研究生,提醒学生们要用科学的方法认识社会,才能认识得深入、认识得透彻。

"社会科学研究方法"课程是公共管理学院的专业基础课,也是整个课程体系的核心之一。它针对研一学生开设,主要内容包括社会研究发展史、社会研究方法论等,以及怀疑、观测、定性、定量、统计、预测等具体方法。

祝小宁表示,"学生只有掌握了社会科学研究的正确方法,才能拥有发现问题、分析问题、解决问题的能力,进而拥有求实创新、实证实践的科研素质和精神。"为了让研究生掌握这些方法,多年来他已经做了许多探索。

图1 祝小宁教授课间解答学生疑问

重在方法:"习得治学之方,获得治学之魂"

"对于刚踏入大学校门、攻读学位的学生来说,大学阶段是你们的'第二次降生',它将造就你的学术生命,奠定你的事业高度。"在第一节课,祝小宁除了概述这门课程的知识体系,还会激励学生们勤奋学习的社会自觉和理论自觉,让学生们明白学习这门课程的理论意义和现实意义。

祝小宁认为,在大学阶段,养成良好的人格、掌握深邃的理论、获得丰富的知识,会让学生们飞得更高、走得更远。他对研究生的定位是,研究生要进行研究性学习,要善于发现问题、分析问题、解决问题,必须掌握科学研究方法。

社会科学最终的目的是了解社会的真实情况,研究各种社会问题的因果关系,探索社会现象的本质及其发展规律,从而寻求解决社会问题,促进社会发展的途径。这就需要研究生要以研究为己任,以解决我国公共管理事业中亟须回答的重大理论和实践问题。

正所谓"工欲善其事,必先利其器",学习"社会科学研究方法"是"以研究为己任"的第一步。祝小宁引用法国哲学家笛卡尔的名言说:"最有价值的知识是关于方法的知识。"研究方法在人文社会科学研究中具有基础性的地位,"科学"的结论必须建立在"科学"的方法论基础上。

社会科学研究方法的核心就是方法选择的价值、规范和标准问题。它涉及"什么问题是值得研究的?""其理论根据是什么?""资料获取的原则是什么?""如何进行解释?""如何确定众多具体方法的研究体系?"等一系列重要问题。祝小宁认为,研究的任务在于发现和证明理论,研究者既要有激情和执着的精神,更要掌握科学的方法。

"我希望学生们学会自己学科的思维方式,掌握自主揭开社会奥秘的钥匙!"祝小宁说,"这把钥匙,就是发现问题、分析问题、解决问题的科学研究方法。"(见图2)

图2 学生分享关于学位论文题目设计的心得

关注社会:"在研究中学习,在学习中研究"

如何展开教学呢?祝小宁认为,课程是将教学目标、教学内容、教学时间、教学设计、教学效果、教学形式、教学活动、教学平台等诸多要素联系起来,形成一个以教化学习为中心,多元素充分融合的教学有机系统。

社会科学研究必须借助特定的研究方法才能发现问题、解释问题,达到研究的目的。但它也有自己的特点:其一,社会科学所研究的对象比较复杂、异质性较大;其二,社会现象的不确定因素更多,它的偶然性和独特性更大;其三,社会科学研究更多地受到个人因素的影响。

这几个特点,也增加了教学的难点。从社会科学研究方法的知识体系上来看,前辈们在认识世界、解释世界的过程中,探索出了各种各样的方法。概而言之,社会研究方法体系有三个层次,即方法论、研究方式和具体研究技术;而且不同的世界观、方法论,都有各自的理论逻辑和繁多的学术流派、代表人物。

因此,要把这样庞大复杂的知识体系给学生讲懂,并让学生在面对纷繁复杂的社会现象时能够采取科学的研究方法,并非易事。为此,祝小宁在课程设计上,把理论与实践相结合、把大课与小班相结合,让学生在研究实践中应用、领会各种研究方法,并形成自己的发现问题、分析问题、解决问题的思维方式。(见图3)

图3 祝小宁就学位论文题目设计进行指导

公共管理学院2019级研究生李艳枝说:"作为学术小白,在这次上课之前,我做了大量的功课,在选题目时请学生帮忙审视,查阅文献了解其最新研究进展,结合之前的调研发现和老师上课的理论基础,整理出了技术路线,确定了研究方法。课堂上做陈述分享时,我有点紧张,但分享后祝老师很热情地对我的题目进行了分析点评,使我在思维上也有了转变和提升。"

李艳枝所在的班里有65名学生，完全采取小班教学方式会耗费大量的精力和时间，因而是不可能的。但全程大班教学，也很难使教学效果通达每一位学生。因此，在讲理论部分时，祝小宁会采取大课形式，先通俗易懂地讲清理论知识，然后适时穿插小班讨论，鼓励学生们关注社会问题，并用学到的社会科学研究方法深入研究问题，进而分享交流、碰撞思维火花。

为了让学生系统掌握并切身体会到社会科学研究方法的妙处，他还鼓励学生按照"进入研究领域→把握学术前沿→确定研究课题→形成基本假设→验证假设情况→凝练学术成果→获得学术认同"的完整培养流程，认认真真地尝试做一次研究。

小班讨论：鼓励学生积极表达自己的学术思想

每次的"开题报告"是小班课堂的"压轴"环节。在确定研究课题环节，祝小宁建议学生们要寻找小而具体的切入点，他认为"选择研究问题的过程常是从宽泛的研究主题开始，逐步缩小到更为集中的研究问题。"

在他的课堂上，历届学生都做过十分有趣的研究选题：有的学生以蚂蚁花呗为例研究"互联网信贷产品对大学生消费行为的影响"，有的学生研究"社会企业是否可以作为NGO（非政府组织）发展的方向"，有的学生关注"网络舆论爆炸事件中的政府作为"，有的学生讨论"鸿茅药酒事件的背后思考：如何让执法人员不为利益集团而'心动'"，有的学生以"Y村"为例研究"农村传统养老向互助养老模式转变的机制"等等。

祝小宁把这门课上学生们做过的几十个选题整理出来，做了七八页PPT，供新一届研究生在课堂上分析"切磋"。在他的启发下，学生们纷纷结合自己的兴趣点和关注点，寻找各个领域的社会现象、问题进行研究。

公共管理学院2019级王舟舟选的题目是"第三部门视域下高校公益社团的发展现状——以电子科技大学为例"。为了准备这个选题，她在祝小宁教授的指导下，深入地观察现象、广泛阅读梳理文献，发现高校公益社团存在"为公益而公益"的现象，而且志愿服务内容较为传统，社团运转机制缺乏创新，资金供应普遍不足。

在正式"开题"环节，全班学生分为6个小组，依次上讲台分享自己小组的研究题目、研究意义、题目背景、研究方法和技术路线，祝小宁和台下的学生则是"专家评委"。王舟舟把对"高校公益社团如何真正有利于社会发展"的思考，转化为自己的课题题目，试图通过自己的研究，为高校公益社团的发展寻求可行路径和建议。汇报结束后，台下学生开始对课题题目进行评述。

公共管理学院2019级任晨华学生质疑说："要研究全国各大高校公益组织的发展现状，为什么要以电子科技大学为例？你们的案例选择是否有典型性、代表性呢？"经过几次观点的交锋和"攻防"，台上台下的学生们对研究方法各个环节存在的不足都有了更深的认识。最后，祝小宁进行点评，并为学生们提出了"缩小题目范围"等研究建议。（见图4）

图4　祝小宁点评课题题目设计

　　学生们觉得，小班教学让自己更能参与到课程中来。学生们都有自己独特的思维方式和思考的课题，并且要与老师面对面"切磋"，所以大家不再是课堂中没有差别的"大多数"，而是一个个具有独特思想的个体。而且，由于所选题目都是自己感兴趣的，所以，学生们对自己的课题非常上心，课下愿意花大量时间研究文献。与老师和学生"切磋"，也有助于听懂并采纳建议，更有效地梳理和审视自己的不足。

诲人不倦："感谢祝老师手把手地教我们做学问！"

　　与学生"切磋"是祝小宁的课堂常态。在第一节课上，他就让学生们都加入微信群，有问题可以直接在群内"@"他，也可以给他发私信或者留言。学生有什么问题都会积极主动地提问，祝小宁都会"不厌其烦"地详细解答。

　　在课堂上，学生可以随时打断他的讲话而不用担心这样做"很没有礼貌"；祝小宁经常是一支粉笔、一脸笑容，每节课后都会在黑板上留下工整漂亮的板书，成为学生拍照打卡的靓丽"风景"。

　　在悉心指导点拨的同时，祝小宁也充分考虑到学生初入学术殿堂的实际，不仅为学生提供了丰富的研究案例，还准备了详细的学术操作指南，甚至细化到论文结论的写作格式、传播形式的基本规范、参考文献与注释的写作要求等，几乎是在"手把手"地教学生做课题、写论文。（见图5）

　　在"形成成果的方法"部分，祝小宁详细介绍了论文的每一个构成要素及其规范，而且详细介绍了文献查阅的类别、途径和方法，列出了电子文献数据库检索常用的数据库和检索工具、检索方法等。

"规范地书写、罗列参考文献,一方面是保护文献作者知识产权的需要;另一方面,也为读者的进一步研究提供全面的信息资源,使该项研究更加系统化、具有重要的学术价值。"在讲参考文献时,祝小宁还从规范引文引出,对学生们进行了学术道德和伦理的教育,希望大家一定要坚持学术精神和学术操守。

图5 祝小宁指导学位论文题目设计

从"社会科学研究方法引导"到"社会科学研究方法原理",再到"科学研究的方式方法"和"形成成果的方式与办法",已经讲解的四章内容,祝小宁做了564页PPT。看到学生们记录PPT内容比较辛苦,他干脆慷慨地把PPT分发给学生分享。

从思维训练到学术规范的完整训练,让许多研一学生找到了通往学术殿堂的路径,有的学生幽默地说:"祝老师是我真正走上学术道路的引路人!"

作者:王晓刚　苟灵　陈思琦

原载于2019年12月3日电子科技大学新闻网,有删改

认识先贤智慧　传承文化魅力
——外国语学院"中国语言文化"课程的教学改革探索实践

"中国语言文化这个词说来有点大，因此，在教学中我其实在做一些减法。"外国语学院副教授聂韬一边放下手中的书，一边介绍起了自己讲授的"中国语言文化"课程。

"中国语言文化"是学校2019年立项的首批62门研究生"精品课程"之一，在有限的48个学时中，如何让学生尽量多地了解中国语言文化的发展脉络，汲取中国语言文化的精华，掌握中国语言文化的特色，是他致力于讲好这门课的努力方向。

差异化教学：课程"保鲜"秘籍

聂韬（见图1）的专业是比较文学与世界文学中的海外汉学研究，致力于先秦汉学的海外研究和诸子阐释。2016年9月，他接到"中国语言文化"课程的教学任务，从此与中国语言文化结下了不解之缘。

从2016年讲授这门课程到现在，4个年级的学生都不约而同给了聂韬很好的评教分数，要问怎么做到的，聂韬耸耸肩表示自己也不得而知。在他看来，尽量与上一轮授课的内容甚至形式保持差异化，是课程历久弥新、时刻"保鲜"，能最终将学子留在课堂的原因。

图1　聂韬老师备赛四川省青年教师教学大赛

每一年秋季"中国语言文化"课程开课时，聂韬的课程设置都是既有固定板块，也有选择性的专题，不同年级的成电学子总能在这个季节感受到不同韵味的中国语言文化课程"大餐"。

其中，"先秦文化"板块让学生了解中华文化，唤起学生的文化自觉。中国语言文化的变迁就像一幅壮丽的画卷，聂韬在"从魏晋到唐宋的文学"专题中，将这幅"画卷"徐徐展现在学生眼前。而如"海外汉学研究""新儒学研究""近古文学研究"专题则是开放性的，学生可以根据自己的兴趣爱好自由选择，这种方式被学生称为"配餐"与"点菜"的组合。

"寻根溯源"是聂韬的授课理念。在他看来，老师授课不可能涵盖全部的知识，在学习的过程中，教师就是起到一个引领作用，从开始的一个点带着学生走，后面会走出一段路，这时候就要让学生自己去走，"因为我们所有人都是在前往真理的路途中"，在走的过程中不断思考总结得到新的知识，进而获得能力的提升。

聂韬讲先秦文化，一开始就会讲到周易的大衍之数，学生们听完都感到兴奋，跃跃欲试，为他们打开了一扇通向全新的认知传统文化的大门。在充分激发学子的兴趣后，聂韬帮助学子进一步厘清周易对先秦诸子百家各自思想开端的影响，并及时总结，引导学生深入思考为什么中华文化数千年没有中断。从周易到诸子百家再到汉魏晋唐宋元明清，他帮助学生形成对中华文化非常清晰的认识脉络，同时认识到这也是中华民族凝聚力、向心力的源头所在。

内驱动力：热爱让兴趣一直在路上

十年持续做一件事不仅是有毅力的表现，更是兴趣导致的热爱使然。在中国语言文化的研究道路上，聂韬一走就是十年。

回忆自己读研时学习比较文学的经历，聂韬记得导师在课上讲《十三经》，下课后，他就跑去请教导师关于墨子的问题。老师建议他"写英语世界的墨子研究"，以此为开端，他从2010年9月开始走上了中国语言文化的研究之路。

十年光阴，聂韬深入研读中国古典文献，不断厚积着内心对中国语言文化的热爱，这种因时光沉淀后积累在他身上的文化素养很易于辨识，也在他的课堂上得到自由挥洒，因而深受学子喜爱。

从"接触"到"喜爱"是一个漫长的过程，聂韬在这一过程中，慢慢把研究做成了自己内心的爱好，由此产生的内生动力，驱动他一直在路上，并能走得更远。

在聂韬看来，目前国内单纯学习外国语言的研究者，阅读中国古典文献的时间不足；真正研究中国古代文化的人，其外语能力又有所欠缺。聂韬正好成为兼容两者的实践者，他希望自己的研究，为外国语言文学与中国语言文化的跨专业融合做出有益贡献。

只有对自己的本体文化有深入的审视和思考，才能真正达到对文化现象的透析。以学习《庄子》为例，聂韬说不仅要从庄子本身出发，阅读千年来累积的文献，在这过程中，他还要知道谁在研究庄子、怎样评价庄子等，这才是为学的态度。而他的这种态度，正潜移默化影响着学生们。

跟随他的步伐，学生们在课堂上体会到了庄子汪洋恣肆的文字、雄浑飞跃的意向、奇特丰富的想象、滋润旷达的情致，认识到了先秦时期的思想家、文学家们有趣的灵魂。

亦师亦友：除了教知识还要辅"三观"

"中国语言文化"课程，除了能学到知识，还能对学生产生怎样的影响？

"宁静致远，是我一直在课堂上为学生们强调的东西。"聂韬说，从人格的角度，无论是儒家强调的中庸思想，还在庄子的超我态度，以及老子的辩证思想，越深入阅读越会发现在中国文化当中，其实已经有对几千年后人们的生活的解读。

"当阅读了更多的文献后，你会发现内心更从容宁静，对社会生活中的很多东西，能拿得起、放得下，不会受到浮躁焦虑的影响；也会发现，当你将中国古人的理论观点应用到生活中的事件以及看待热点事件时，能做出不失偏颇的评判，有助于自己认清事物的本质，保持内心朝着既定的方向前行。"聂韬说。

学生感慨地说，"读到庄子的鼓盆而歌，简单的故事却蕴含着庄子的生死观，从中体味到及时舍弃和放弃徒劳的人生哲理，懂得了对失去的东西要有一个很坦然的态度，因此对先前放不下的东西能够豁然开朗，学会了不再尖锐地看待事情。"

启发才华：学生的获得感是教师最大的成就

20岁出头的研究生，尤其是学习外国语言文学的学生，对中国的文化了解得比较少，他们往往不愿意读古文，"中国语言文化"课程恰恰能帮助他们深度接触中国文化，补上文化自信这一课，也算是比较有意义的一件事情。

为了增强学习的动力，聂韬近几年一直在探索课程的考核方式。在他的"中国语言文化"课上，三次考察和一次考试构成了学生的最终成绩，平时成绩与考试成绩各占一半。

聂韬会在课上教学生写诗词，给出话题教学生写一首七言律诗，要求押韵、对仗、平仄相对等。学生写好的诗，聂韬称会认真"拜读"，读完后会挑出其中的优秀作品，让学生有上台分享展示的机会，随后再开展"聊创作分享专题"活动，帮助学生增强参与感。

分享的过程充满了趣味性，这也是与学生间情感交流的最好的时候。写诗的过程，命题中有写景、写人、写事，了解时事的学生会分析政治，有的学生重情，会写亲情爱情，有的学生更注重生活中的点滴领会，会写自然，写在自然中的心境；有的写关于亲人逝去的诗，会让聂韬感动。

"我感到我出走多年的文学才华，在这门课上，又被点燃了！"氛围生动而热烈的"中国语言文化"课后，学生们纷纷点赞表白。

"海外的汉学家是怎样看待中国的某一文学现象的?""某些论文是怎样解读有争议的角色的?""康有为解读中西方交错点的时候,他的解读会对中国造成怎样的影响"等,聂韬希望学生作为一个参与者,去理解、去创造,去评价他人的论文,这是更有趣的点。这些颇具思辨色彩的话题,通过解读论文,帮助学生们收获到更多。

聂韬笑称自己为"话痨",一开口就会停不下来,原来是他说得多,现在更多关注学生收获了多少。"每一个上课的学生都不反感,会推荐其他学生来旁听;每年都会有学生受推荐来咨询,这就是我上这门课最大的成就感吧!"

作者:罗莎 苟灵

原载于2020年5月25日电子科技大学新闻网,有删改

在严谨与活泼的碰撞中感受翻译之美
——记外国语学院"翻译概论"课程的教学改革探索

"周老师的上课方式非常独特,不是传统的灌输式教育,更倾向于对话式的引导,课堂学习氛围轻松愉快,真正达到了教学的目的要求。"

"在周老师的带领下,整个课堂从一开始大家怯于发言到后面学生们争相发言到老师一时都插不进话,课堂氛围轻松活跃。通过本课程,我们不仅在翻译实践上获益匪浅,也在一定程度上锻炼了逻辑思维。"

"这种启发式、探讨式学习简直是一种艺术享受!"

这是学生们对外国语学院周劲松副教授(见图1)所开设的"翻译概论"课程的评价。

从2009年开课到现在,周劲松通过不断的摸索,形成了自己独到的教学模式,让学生们在轻松活泼的课堂氛围中感受到翻译的美与乐趣。

图1 课堂中的周劲松老师

翻译之美，在于自信

随着全球化的日益加深，人类进入了互联互通的新时代。人与人的沟通，语言是桥梁。当前，中国坚定不移全面扩大开放，推动构建人类命运共同体，这其中，高端语言服务人才发挥着不可或缺的作用，翻译的重要性也日益凸显。

周劲松所开设的"翻译概论"这门课程，是主要面向外国语学院研一学生的一门专业必修课。该课程帮助学生深入了解当代翻译思想和翻译主张，通过对不同文本的翻译练习，帮助学生理解基于文本风格类型的翻译选择和策略，掌握不同问题的翻译技能技巧，将翻译理论融入翻译实践，提升学生的文本处理能力和翻译能力。用周劲松自己的话来说，"就是要培养'文武双全''内外兼修'的高端翻译人才"。

什么叫"文武双全"？周劲松认为，这要求学生不仅要有扎实的理论功底，更要能投身翻译实践，真正服务国家和社会的需求。"如果说本科生的翻译课是给大家打开一扇门，那研究生的课程我们不仅强调知识层级的提高，也更强调学生思维方式的培养以及应用能力的提升。"

为了达到理想的人才培养目标，这门课程不仅"要求高"，同时打分也很"吝啬"。"曾经有学生想选修我这门课都被我'劝退'了，因为我认为这门课耗时耗力，没有全心地投入很难达到课程要求。" 周劲松笑着说。

在授课过程中，周劲松将古文翻译作为其中的一个重点内容。他认为，翻译的外显是语言，内核是文化。从事翻译工作首先要有文化自信，从深厚广博的中国传统文化中汲取养分不断成长，这样我们在面对其他语言和文化时，就会有强大的自信心。

翻译之美，在于严谨

翻译作为一门实践性很强的学科，需要通过大量的实践操作来将理论知识落到实处。如何才能更好地将理论与实践结合起来，周劲松的办法是，翻译理论论文的翻译教学。

在课程中，周劲松会选择近几年的翻译理论论文集作为学生们练手的素材。周劲松说，学术论文用语凝练、逻辑紧密，且会出现大量专业术语，对这类文本的翻译练习可以锻炼学生的逻辑组织能力，学会术语翻译的方法，同时在翻译过程中可以学到有关的翻译理论，一举两得。

小班教学为课堂讨论创造了很好的条件。在了解翻译的基本知识后，学生们2~3人组成小组，对论文集中的论文进行翻译实践，然后通过课堂报告的形式展示出来。"翻译这门工作很难一个人单打独斗，需要团队合作，在组队翻译的过程中，学生们会学习到分工协作与管理，会感受到不同思维碰撞的魅力。" 周劲松说。

在给学生们分配任务时，周劲松会把论文集中感觉最难的一篇留下来自己翻译。他认为，只有自己动手去做了，才能知道哪些地方会难住学生，这样在指导学生的时候也才更有针对性。

做学术论文的翻译，严谨是首位，不仅术语要准确，格式也要规范。周劲松会对每一组学生的汇报做详细的点评，指出不足和亮点，让学生们不仅了解学术规范，更懂得蕴含其中的学术原理。比如说，"the Ottoman Empire" 为什么翻译成奥斯曼帝国而不是奥特曼帝国（见图2），这就需要对这个词语的来源进行考证。再比如，在汉语标点符号的使用中，是双引号在外，单引号在内，但是在学术翻译中，是单引号在外，双引号在内。这些都是微小的细节问题，但是却不容忽略，因为往往就是这些细枝末节才能表现译者的严谨性。

图2 课程PPT

翻译之美，在于创造

"我一直告诉学生，翻译是一门再创造的艺术，需要我们在严谨的基础之上对文章进行创造性转换，将原文本中展现出的意蕴美、空间感和画面感都尽可能地保留下来。"

周劲松认为，翻译不仅要有严谨的态度，还需要富有创造力和想象力，这在从事文言文小说翻译的时候尤其明显。实际上，在把古文翻译成英文的过程中需要经历两次转化，第一次是从文言文到现代汉语的转化，第二次是从现代汉语到英文的转化，这两次转化在保留小说的画面感和故事性方面都有着很高的要求，这就能十分有效地锻炼学生的创新思维。

他以《唐代传奇选》中《虬髯客传》的翻译为例，讲解了文言文翻译的创造性。在《虬髯客传》中，有一句对红拂女与李靖初遇时的细节描写："当公之骋辩也，一妓有殊色，执红拂，立于前，独目公。"对这个"独目公"的翻译，周劲松采取了一种十分生动俏皮的方式向学生进行解说："这句话其实可以用一首歌的名字来翻译它，就是《我的眼里只有你》。这是一种深情热切的凝望，通过这个眼神巧妙地传达出了红拂女对李靖的一见钟情。这样翻译在情感上和逻辑上更通畅，正是因为红拂女对李靖的一见钟情，才有了下文中的'红拂夜奔'的情节。"

但有时候，中文的古文本身就可能晦涩难懂，直接让学生去翻译文言文效果不一定好。为了解决这个问题，周劲松会向学生推荐一些经典的外文译本。外国语学院2020级研究生史佳艳说，"在对《道德经》进行翻译学习时，周老师向我们推荐了James Legge（理雅各）翻译的英文译本。通过对经典外文译本的阅读，反过来我们又加深了对原著的理解。"这种交叉阅读的方式，既能让学生理解原文含义，同时又可以让学生在阅读的过程中学习经典译本的翻译思路与措辞方法，让学生感觉受益良多。

在做文言文翻译的时候，课堂上经常会有激烈的讨论。学生们针对原文的理解、句段的处理、选词的优劣、谋篇布局的技巧各抒己见。正是在这种相互交流的思维碰撞中，大家感受到了古文翻译的美和乐趣。曾经有学生对《虬髯客传》中出现的64个"曰"的不同译法进行了分析和研究，最后形成了论文发表。

本着对翻译的热爱，周劲松以一种享受的态度去进行教学与研究工作。"翻译概论"的课程通常都在晚上开设。周劲松说，一方面是因为晚上学生们的思维更活跃，另外一方面偶尔内容讲不完耽误几分钟，学生们也能够理解。这学期以来，他一周有四个晚上都要上课，但他觉得这并不是一件令人疲惫的事情，恰恰相反，他非常享受这个过程，在授课、与学生们交流以及翻译实践中，他感受到了愉悦。

也正是这种愉悦，让他在课堂上充满感染力，这对学生也产生了很大的影响，这种影响并不局限于学术知识方面，还有人生的领悟。外国语学院2020级研究生李皓婷用"润物细无声"来形容周劲松。"周老师不仅教给我们知识，也教给我们人生哲学。比如说他曾经说的，'学习、修炼、变优秀的过程，就像是泡茶，慢慢发酵，逐渐舒展，最终散发芬芳'，这句话，影响了很多学生。"

作者：何乔　苟灵　李书洋　韩孟涛　林逸凡
原载于2020年10月26日电子科技大学新闻网，有删改

围"桌"夜话 语述"汉外"
——记外国语学院"汉外语言对比研究"课程的教学改革探索

每周五晚上，教室里的学生们三三两两地围坐成几个小组，有学生在与其他学生交流想法，有学生正在准备上台汇报，有学生正在与组员一同查找资料，而袁毅敏老师（见图1）正在来回不停地参与各个小组的讨论，这便是"汉外语言对比研究"的课堂实景。

图1 袁毅敏老师组织课堂讨论

"在国际舞台传递中国声音"

从新中国成立以来的"奋起直追"到如今的"和平崛起"，中国逐渐走近世界舞台的中央。从"亲仁善邻"到推动构建人类命运共同体，中国与世界的联系愈发紧密。在国际舞台上，如何更好地传递中国思想、表达中国观点都成为新时代青年的必修课。

外国语学院袁毅敏副教授所开设的"汉外语言对比研究"，是一门主要面向外国语言文学专业学生的专业选修课。在我们对外交流的过程中，由于文化差异导致的思维差异，往往会对文化传播、表达沟通造成一定阻碍。"因为汉语与英语这两种语言差别太大了，一个是汉藏语系，一个是印欧语系；一个是意合，一个是形合。如果不清楚地了解这两种语言的特点的话，在具体的应用过程中会出现相当多困扰，这也正是开设这门课程的必要性。"袁毅敏解释道。

比如，在讲解英汉语言显/隐性的时候，袁毅敏向学生们提出了一个很有意思的问题：为什么我们平时可以说"一支笔"，也可以说"两支笔""n支笔"，却只能说"一丝怀疑"，没有"两丝怀疑""三丝怀疑"的说法呢？这是学生们在日常生活中都会用到的量词，却鲜有学生注意到它们使用的不同。袁毅敏给出三分钟的时间让学生们进行小组讨论。一个小组的学生认为这与"丝"后面连接的名词是抽象还是具体有关，如果是抽象名词，前面的量词就只能用单数，但是袁毅敏立刻举出反例，说"想法"也是抽象名词，但我们也可以说"几点想法"。另一个小组的学生认为这跟量词"丝"有关，但并未想出来具体的关联……袁毅敏表扬了大家都积极地讨论思考，然后引导大家一起想出了答案：原来量词"丝"对后面的名词"怀疑"包含一种隐喻投射意义，因为"丝"这个量词本身就含有"一点点，很少"意思，它限定了"怀疑"只是"一点点"，所以只能用"一丝"，如果使用复数就与其本意矛盾了。"只有通过对汉语中各处细节的严谨考究，才能够在国际交流中准确、严谨地表达观点与思想。"袁毅敏告诉学生们。

袁毅敏希望，通过此门课程的教学，让学生们去探究汉外语言在词素、词语、句法、篇章等各层级上的不同特点，从而有效提高语言能力和跨文化交际能力，成为更优秀的文化传播者、交流者。"我们的人才培养目标是培养新时代外语人才。怎样更好地向世界介绍中国千百年来的优秀传统文化，怎样在国际舞台传递中国声音，准确优雅的跨文化语言交流起着不可忽视的作用。"

围绕"培养语言自信、文化自信的社会主义新时代的外语人才"的目标，袁毅敏在课程设计的过程中，融入了大量传统文化元素。在进行具体的语言各层面对比时，她会引导学生发现汉语独特的美，包括词汇音韵美、句法构型美、篇章柔性美等等，通过潜移默化的影响增加学生的语言自信与文化自信。比如，在讲到英汉语言动静态对比部分的时候，袁毅敏让每个小组的学生都找一篇体现中国传统文化的文章，并找到其英文翻译，然后对比其中英汉两种语言的动静态。在课堂上，有一个小组分享的文章是杨航的《盼头》，"年一过，又盼日子快些流，好流来又一个春节"，读到这句话的时候，袁毅敏叫学生停下来，除了分析这句话的中英动静态之外，她还让学生们分别朗读这句话的中文和英文版本，感受哪个版本的盼望之情更加强烈。不出所料，所有学生都觉得是中文原文流露出更多的盼望之情，但是说不出原因。"因为春节是我们中国人自己的传统节日，作者流露出的感情自然是更加深切真挚的。"袁毅敏的解释让学生们恍然大悟，同时也勾起了大家对春节的回忆，以及对自己作为中华儿女的自豪。（见图2）

图2　袁毅敏老师与学生讨论总结

"我第一次在课堂上遭到'质疑'"

"老师的课程很有意思。课堂上互动很多，氛围也很轻松，在老师的引导下我们能从以前没有关注的地方重新思考中英语言差异。"

"这门课程打开了我们中文与英文思维的大门，让我们站在一个全新的角度看待英语的学习。受益良多！"

这是学生们对于"汉外语言对比研究"的评价。该课程广受学生好评，自开设以来，学生评教成绩均在90分以上。袁毅敏将此归结于课程的特色教学方式。

"把课堂的主动权还给学生"是袁毅敏在接受采访时多次重复的话，也是她在教学实践中不断反思、沉淀下来的结晶。"如果我们要培养创新、思辨能力，而又不引导学生们去做的话，这种能力只能说是空中楼阁，所以必须放手让他们去做。"她希望通过课堂主动权的转移，充分调动学生的积极性。

正如袁毅敏在课程第一节课的PPT（见图3）第一页上所写："You are the lecturer, and I am the listener.你（学生）是讲师，而我（老师）是听众。"袁毅敏选择将"小班讨论"作为该课程的核心授课模式。她将参与课程的学生2~3个人分为一个小组，将课堂变成一个互动的过程。老师引导学生发现英汉语言在某一层面的差异，学生以小组为单位就差异和差异产生的原因探究讨论，最后老师做总结发言，引导学生整理思路，验证猜想。"让学生多说点、老师少说点，才能让学生收获多一点、困惑少一点。"袁毅敏说。

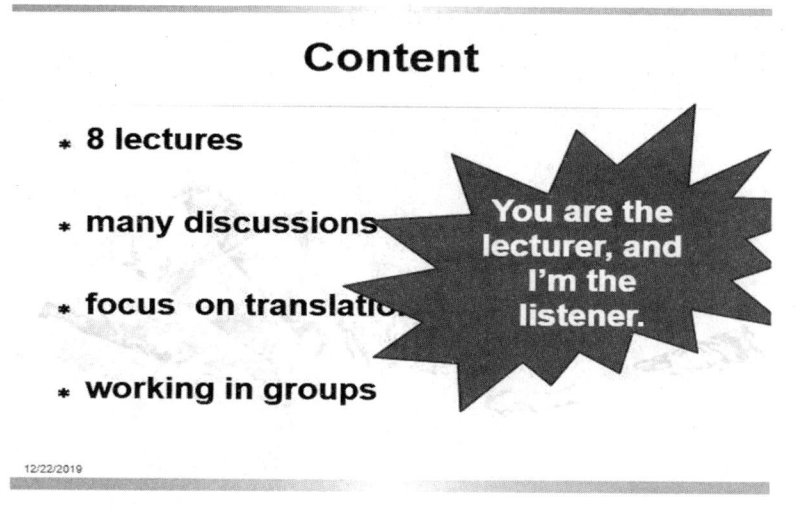

图3　课程PPT

在这门课程中，袁毅敏还遇到过学生的"质疑"。对此，她表示："我非常惊喜！"原来，在前不久的一次课堂讨论中，袁老师提到了"移觉"和"借代"两个概念。在某个例子上袁毅敏告诉学生们该处是"移觉"，但是立刻有一个学生提出质疑，认为这个例子是"借代"。"我非常高兴，因为这不正是我们希望教给学生的创新、质疑和思辨精神吗？于是我立刻停下来，从两个概念之间的关系、应用范围、在中英语言当中的应用频率等方面，把两个概念做了一个系统的比较。尽管它并不是我们那天上课的重点，但是我觉得非常值得跟学生讲，因为思维的养成比具体知识的学习更重要。"

"教学相长、教研相长"

"我们的目标是把'汉外语言对比研究'建立成为一门线上线下互动的探究式小班课程。"

"我们还准备增设实践环节，让学生可以通过实操认知实验，对语言现象背后的原因加以检验，以提高科研能力。"

"我们还打算录制慕课，把慕课作为课前的预习资料提供给学生，这样的话课堂的主动权就会更多地移交到学生的手中。"

……

提到课程未来建设，袁毅敏非常兴奋。在过去几年的教学实践中，她对于课程各方面都做了细致入微的规划，在课程建设上花费了诸多心血。"我觉得这门课基本上可以算作师生尽欢，学生上课很开心，觉得很充实；老师也觉得上课上得痛快，跟学生有很多互动交流。而且在与学生的碰撞中，我自己也出了很多成果、论文。这可能就是所谓的教学相长，教研相长吧。"袁毅敏笑着说。

通过翻转课堂，培养学生在学习中的创新能力、合作能力、思辨能力是袁毅敏一直所期待的，"汉外语言对比研究"也逐渐跳脱出传统的教学模式，成了学生喜爱的"精品课程"。

作者：钱俊衡　吴小平　何乔　苟灵

原载于2020年12月14日电子科技大学新闻网，有删改

用生动的"语言"讲好中国故事
——记外国语学院"语言学通论"课程的教学改革探索

研究莫言作品的叙事特征,揭示西方媒体新闻标题的指称语应用和隐喻式表达,分析新闻报道英语与社论英语的功能语篇,纵论语言学家乔姆斯基的"普遍语法"……如果知道"语言学"可以这样"玩",还会觉得它艰涩枯燥并感叹"比过英语专八还难"吗?

语言是文化的载体,学习语言是深入了解文化的纽带桥梁。为了帮助人们更好地把握语言本身的规律,"语言学"应运而生。在"中国走向世界,世界走向中国"的大背景下,掌握中外语言对培养优秀的国际化人才尤为重要。

然而,学习"语言学"并不像学说话那样容易,教好"语言学"更难。"语言学通论"就是这样一门"难上加难"的课程,常令许多学生感叹:"语言学难,难于上青天!"症结在于:太抽象!但外国语学院楚军教授(见图1)多年来努力探索,让本来很难的"语言学"课程变得生动活泼。

图1 认真备课的楚军教授

激发兴趣：学语言也可以如沐春风

有一位大学生出去读书，带男朋友回家。饭后，女孩父亲带"女婿"散步，故意考察"女婿"，走到荷塘边说："因荷而得藕。"意思是"池塘里荷花开了，就有莲藕"。"女婿"抬头望见一棵杏树，脱口而出："有杏不需梅，"意思是"有了杏子就不需要话梅"。

"因荷而得藕，有杏不需梅。"楚军在讲解"语义学"中的"同音异形异义（homophone）"时，曾讲了这个故事，让学生听得兴味盎然。实际上，故事中的"荷"和"藕"，"杏"和"梅"都巧妙运用了"同音异形异义"，意思是"因何而得偶，有幸不需媒"，遂成一段佳话。

"东边日出西边雨，道是无晴却有晴。"古今中外的语言，多有共通之处。楚军信手拈来一句英语——"A cannon took off his legs, so he laid on his arms"，故意"考"学生："这句话怎么翻译？"

有的学生从字面意思来理解，认为这句话中的"laid on his arms"意思是"放下双臂"。但是，楚军结合一词多义和一语双关的知识，对上下文进行分析，告诉学生们："这个句子，来自描写战争的一首诗。显然，这里的'放下双臂'并不单单是放下双臂，而是意味着'缴械投降'。"

在楚军的课堂上，类似的生动案例不胜枚举，让枯燥的"语言学"知识变得饶有趣味、生动活泼。

他认为，"语言学"和"学语言"是紧密相关的，"语言学"可以帮助大家更好地理解人类语言的本质特征，更好地提升语言学习和应用的效果；而通过"学语言"的生动实践，可以帮助学生更好地学习"语言学"，缩短学生与理论之间的心理距离。

强调自学：广泛阅读文献是一项"基本功"

"语言学通论"课程内容十分丰富，包括十四章内容，第一章是概述，简介语言与语言学、语言的特性与功能以及语言学研究领域的分支。随后各章分别是：语音学，音位学，形态学，句法学，语义学，语言、文化与社会，心理语言学，语用学，文体学，计算语言学，语言习得与神经语言学，应用语言学和现代语言学理论流派。

每一章内容，如果穷究义理，都可以发展出博大精深的学问。因此，要在48个学时的课程中让学生掌握如此丰富且深奥的内容，是一个很大的挑战。这也就意味着，老师在课堂上只能做学生的"引路人"，而入门之后学生能够走多远，主要看学生的自学能力。

楚军强调，这门课的主要目的是使学生能对语言及语言学研究的方方面面有一个总体性把握，以便为学生将来更具体、深入地学习和研究奠定基础、提供先导。语言的基础理论是相通的，将来无论是学习任何语种、文学赏析和翻译学研究，都可以从"语言学通论"课程中受益。

在上课时，楚军常布置一些话题让学生组织讨论，学生准备充分之后，可以在课堂上进行展示（见图2）。他会提前为学生准备必看的参考书目，并鼓励学生搜集了解更多的学科前沿成果和学术讲座，大量阅读，扩展自己的理论视野，并能够在综述、评述别人的学术观点时提出自己的观点，激发学生的批判性思维能力。

一般而言，越是抽象的理论，距离人们现实中使用语言的现象越远，就越是难以理解。例如，认知语言学、心理语言学、数理逻辑语言学等内容，就需要学生在课下更多地查找文献，多思考、多归纳、多总结，自己学习、自己消化。因此，广泛阅读成了上好这门课程的"基本功"。

对学生的考核，平时考核成绩占40%，期末考试成绩占60%。以前，期末考试曾尝试过开卷考试，但他很快发现，开卷考试并不能督促学生加强平时的积累，因此，就把开卷改为闭卷，但考试题目依然是开放式的主观题，促使学生在加强积累的基础上，提升思辨能力、分析问题和解决问题的能力。

图2　课堂中的楚军老师

增强使命：学语言要讲"中国故事"

语言是人之为人的重要标志，也是人类赖以生存的"精神家园"。蜜蜂可以通过发声、动作进行交流，小鸟也会通过唱歌来吸引异性的爱慕，但这只是一些音乐性的交流，远没有达到人类的语言所具有的复杂程度。

语言也是文化的载体，因此，理解和掌握一种语言，就等于打开了通向语言背后的文化世界的入口。引导学生系统了解人类语言的本质特性，就可以通过"文字→语言→文学→文化→文明"的路径，了解多样化的文明。

习近平总书记指出，"文明因交流而多彩，文明因互鉴而丰富。文明交流互鉴，是推动人类文明进步和世界和平发展的重要动力。"而培养学生运用语言学相关理论和学科性研究方法研究中外语言，既有利于文明的传承，也有利于文明的交流。

弘扬中华文明，提升中华文化的软实力，是中国走向世界的题中之义。楚军指出，改革开放以来，我们一直努力学习外语、借鉴外语的语法，但在思考怎么用语言学的原理帮助中华文化走向世界方面，做得还不够多、不够好。

在理论创新方面，我们借鉴西方国家比较多，运用西方理论体系来分析研究汉语。然而，"在文明问题上，生搬硬套、削足适履不仅是不可能的，而且是十分有害的。一切文明成果都值得尊重，一切文明成果都要珍惜。"

现在，我们需要重新审视这种状况，并认识到，中国学者同样需要运用东方或中国独特的文化概念、思维理念，"吸收中华学术中有益的概念、特殊的智慧和方法、中华文化中的整体世界观、辩证思维方式等"，从而既体现出世界眼光，也彰显出中国特色。

他鼓励学生们，现代外语学科的一个重要使命，就是构建中国的学术话语体系，讲好中国故事、传播中国文化。无论是语言学研究，还是文学研究，或者是其他任何的一种人文社科研究，都要更多强调中国立场、中国声音、中国气派，并站在中国的立场来研究外国作品。

交叉融合："新文科"要彰显工科特色

开展语言学研究，需要跨界融合。这是楚军经常向学生强调的观点。"语言学"并不是一种孤立的学科，它本身就与历史学、人类学、心理学、经济学、政治学、传播学以及认知科学、计算科学、人工智能等学科具有密切的联系。

楚军认为，外国语言文学学科跟电子科技大学的工科优势学科之间具有良好的交叉互补关系，工科优势的强大支撑，尤其为学校的外国语学科发展提供了新的路径，也为"新文科"建设提供了新的可能。

他说，从乔姆斯基开始，语言学变得更像是科学，而不是一般意义上的人文学科。新文科就是要在人文科学当中打通文学、史学、哲学，同时打通人文科学和社会科学、理学、工学的界限。外国语学院特别强调学生的数理基础，就是希望学生们依托强势的理工科背景，让语言学在与生命科学、神经科学、认知科学、脑科学的融合发展中绽放异彩。

语言学还可以和计算机科学跨界融合，通过大数据、人工智能等技术，着力建设人工智能翻译等学科方向，或研究语言与大数据、语言与语料库等新兴学科方向。把定性和定量相结合，把人文和科学相结合，这是成电学子未来发展和引领语言学研究的巨大舞台！

楚军鼓励研究生学子："学术研究并不是天生枯燥无聊的，只要我们深入了解和钻研，才会不断发现它的魅力和精彩！"

作者：杨佳　代佳玮　王晓刚　苟灵
原载于2020年12月25日电子科技大学新闻网，有删改

把每一次课堂答辩当成毕业论文答辩
——记外国语学院"翻译类论文写作"课程的教学改革探索

讲台上的学生正在自信满满地展示着自己的PPT，在各位"评审老师"的注视下侃侃而谈，"评审老师们"时而点头微笑，时而眉头紧锁。在展示完成以后，台上台下的人便开始你问我答的"唇枪舌剑"。这便是"翻译类论文写作"课程的上课常态。授课老师廖敏（见图1）告诉学生们，"要把每一次课堂答辩都当成毕业论文答辩！"

图1　廖敏老师在小组案例分析报告问答环节

内容有实：层层深入，精心设计课程步骤

"翻译类论文写作"是针对外国语学院翻译硕士专业学位研究生开设的一门专业选修课。为什么需要一门专门的课程来指导学生进行论文写作？课程负责老师廖敏副教授介绍说，专业硕士不同于传统的学术型硕士，更侧重的是对学生的实践能力的培养。根据全国

翻译专业学位研究生教育指导委员会的相关规定，翻译硕士专业学位论文的形式可以采用项目报告、实验报告、研究论文三种形式。"翻译专业学位相对来说是新生事物，其学位论文的具体操作模式还处于探索阶段，教师的引导显得尤为重要。"

"课程项目化、案例典型化、考核过程化、授课多元化"是这门课程的四大主要特色。

课程项目化，是指课程的写作任务设置基于真实的翻译项目，学生以2～3人小组的形式分成不同项目组，在完成翻译实操的基础上，进入案例分析写作。

案例的选取兼顾价值导向性与时效性，同时考虑成电特色。对于课程进度，廖敏有着严格的把控，力求让学生得到最大的收获。"整个课程实际上是分成三个阶段，分别是导论阶段、翻译实操与案例分析阶段和预答辩阶段，三个阶段环环相扣、层层深入。"导论部分只有两周的课时，课上老师负责讲解学位论文选题要求、写作类型、过程规范等；课后，学生们就所拿到的项目着手翻译实践。从第三周起，以小组为单位开展案例分析报告研讨。而最后四周，则是每位学生毕业论文开题的模拟答辩。学生们要将此前学到的知识进行内化，再运用到自己的毕业论文设计中。（见图2）

针对这样的授课形式，课程对学生们学习效果的考核也更加灵活，整个考核过程化：首先是团队合作的翻译实操，接着是课堂的案例报告，同时有个体的板块写作，还有最后的口头、笔头预开题答辩。"让学生们掌握方法，为专业学位论文写作打下坚实基础，就是这门课程的目的。"

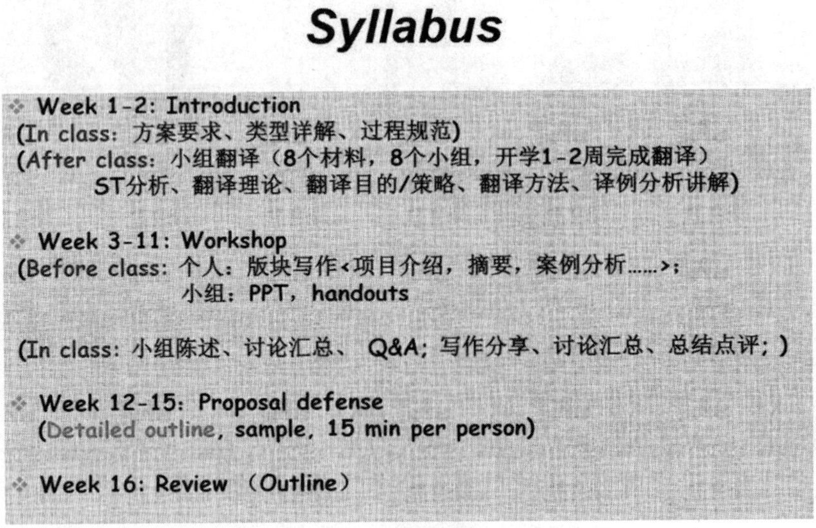

Syllabus

- Week 1-2: Introduction
  (In class: 方案要求、类型详解、过程规范)
  (After class: 小组翻译（8个材料，8个小组，开学1-2周完成翻译）
  ST分析、翻译理论、翻译目的/策略、翻译方法、译例分析讲解)

- Week 3-11: Workshop
  (Before class: 个人：版块写作<项目介绍，摘要，案例分析……>；
  小组：PPT, handouts
  (In class: 小组陈述、讨论汇总、Q&A；写作分享、讨论汇总、总结点评；)

- Week 12-15: Proposal defense
  (Detailed outline, sample, 15 min per person)

- Week 16: Review （Outline）

图2　课程大纲

互动有效：边学边练，在研讨中掌握知识精髓

翻译类论文写作有多种形式，近年来，学生写得最多的是翻译实践报告。因此廖敏在课程中更侧重对翻译项目实践报告写作的讲解并着重锻炼学生对实践报告的掌握。实践报

告的写作主要包括八大板块：摘要、目录、翻译任务简介、翻译过程描述、原文本分析、理论基础、案例分析、结论。

廖敏从之前做过的真实翻译项目中精心挑选出8个，包括设备维护保养服务协议、时政新闻、模拟器操作手册、旅游宣传、电子科大介绍、服务指南、教学大纲、专家菜单等。8个项目选定以后，学生们2~3人一个小组，组成8个小组，完成项目的翻译实操和分板块写作。（见图3）

事实上，这几年每年课程的选修人数都超过了40人，廖敏积极立项研究生院的小班研讨式教学，"一定要保证课程效果"。"翻译类论文写作"课程大部分时间都是学生在做主导。在第3~11周的实际操作阶段，每个小组针对不同的项目做15分钟的报告，下面的学生进行讨论然后提问。每个小组做报告之前都做好了充分的准备，因此上去的时候都是自信满满。讲完后，下面的学生经过讨论后，向他们提出问题。刚开始可能大家提的问题还比较好回答，因为准备过的学生有着比下面的学生更丰富的背景知识。但随着问答越多，底下的学生也了解得更多了，这时就会有一些犀利的问题，甚至有时双方会各执一词，争执不下。

在这个时候，老师既是观察者，也是参与者，更是引导者。廖敏喜欢看到学生们讨论问题时的认真与执着，"这是大家探寻知识、寻找真理的过程"，而当学生们遇到争执不下的问题时，她会适时点拨，分享一些自己的经验、技巧和方法，帮助大家厘清逻辑与相关知识点。

研讨过后，每个学生再就讨论过的板块内容进行写作，然后再进行组内互评和集体鉴赏，通过这样的动手实践和相互间的取长补短，真正将知识与方法内化，成为自己能够掌握的"渔"。

Class Pattern

❖ 第一节：翻译案例（八组：集体口头）
❖ 小组PPT陈述 （15 m）
❖ 分组讨论汇总 （15 m）
❖ Q & A（handouts）（15 m）

❖ 第二节：写作版块（八个：个体写作）
❖ 组内讨论定稿 （10 m）
❖ 组间交换推荐 （10 m）
❖ 集体点评鉴赏 （15 m）
❖ 下一版块示例 （10 m）

图3 课程模式

引导有方：潜移默化，滋养文化自信

中华文明5000多年绵延不断、经久不衰，在长期演进过程中，形成了中国人看待世界、看待社会、看待人生的独特价值体系、文化内涵和精神品质，这是我们区别于其他国家和民族的根本特征，也铸就了中华民族博采众长的文化自信。

在廖敏看来，翻译的外显是语言，内核是文化。从事翻译工作首先要有文化自信，从深厚广博的中华文化中汲取养分不断成长，这样我们在面对其他语言和文化时，就会有强大的自信心。

在给学生们选择翻译项目的时候，她会选择一些富有中国特色的文化内容。在课程中，有一个案例叫"专家菜单汉译英项目"，是基于2017年来校的一个外籍专家团的菜谱汉译英案例。里面有一些很有趣的菜名，如"出水芙蓉""桂花炒饭"等，学生们在翻译的过程中会感受到中外饮食的不同，也更加深刻地感受到中国人所推崇的色香味俱全的饮食文化。

廖敏也会引导学生们关注时政，让大家去了解国家的重大事件和发展变化，从而将个人成长与国家发展联系在一起，勇担时代使命，立志成长成才。

同时，在学生们写论文的过程中，廖敏也会强调基本的写作规范，告诉大家作为学者的基本要求。她要求学生们要求真务实、精益求精，养成好的习惯能受益终身。

答辩有谱：稳扎稳打，论文写作水平逐步提升

"翻译类论文写作"开设的初衷，是希望让学生了解翻译专业硕士论文写作的基本要求，掌握写作方法，为毕业论文开题做好准备，并为后续的论文写作奠定扎实的基础。

这门课开设在研二上学期，作为课程考核的一个组成部分，学生要在课堂上做一个毕业论文开题的模拟答辩，这样课程结束以后，等下学期学生毕业论文开题，就已经做好了充分的准备。

在课堂上，学生经过了前面的理论学习以及动手操作后，已经掌握了翻译类论文写作的基本方法，便可以将其用于自己的毕业论文中。廖敏选择把最后一个月的课程都用来给学生们做毕业论文开题的模拟答辩。而"答辩委员会"的组成，除了老师以外，一部分是班上的学生代表，另一部分是上一级上过这门课的同学（见图4）。"上一级的学生在这个时间节点正好差不多写完了初稿，对于毕业论文更有感触，清楚哪个环节需要注意什么。"廖敏说。

对每个学生来说，这个毕业论文开题的模拟答辩既是课程的考核，也是自己未来毕业论文开题的预演。在听取其他同学和老师的意见后，他们利用寒假的时间对自己的论文开题报告进行修改和打磨，来年就可以从容应对真正的毕业论文开题了。

图4　廖敏老师点评学生发言

而这样的授课方式也收获了学生们满满的好评。有学生表示，"课堂节奏紧凑，师生互动丰富，对于毕业论文开题有着重要的指导作用，一学期下来收获满满。"还有学生评价，"通过这门课程，我们不仅了解了论文写作的方法和技巧，而且还在课堂上进行了模拟答辩。在这一场又一场的答辩中，每位学生都有机会在老师和学生们面前展示自己的开题大纲，得到大家的点评和提问，在这个过程中不仅能找到自身存在的问题，同时还可以收到很多有效的建议。每一次的答辩中，大家还能从别人的开题大纲中存在的问题反思自己的大纲，也能从优秀的开题大纲报告中学习和借鉴。总之，这门课程对于我们来说必不可少，为大家之后的毕业论文写作打下了坚实的基础。"

教育有爱：精细打磨，不断提升课程质量

尽管"翻译类论文写作"已经有比较成熟且有效的课程理念与授课方式，但廖敏仍然希望把它做得更好。她说，教学是她喜欢的事情，是她希望一生坚守的事业。怀着这种强烈的使命感，她希望对课程不断地打磨，进行再提炼、再梳理。一方面，她打算把课程录制成慕课，方便学生们泛在自主学习，另一方面她正在着手将课程内容凝练成新形态教材，争取辐射更多高校，惠及更多学生，形成成电影响力。

在课上课下，除了专业知识，廖敏还乐于跟学生分享人生感悟（见图5）。她会告诉学生们翻译及语言服务行业的职业前景、职业翻译的生活状态……鼓励学生们学好专业知识，"一朝身为专业，就是终身的烙印"。

图5 廖敏老师分享人生感悟

在她看来，作为老师要跟学生站在一起（见图6），以更加开放的心态去倾听青年学生的心声，做一个倾听者、分享者，而不是一味地强加给他们很多东西。也正是因为她的开朗和平易近人，让学生也愿意跟她交流，向她寻求帮助。无论是职业规划、学业问题，还是个人情感问题等，廖敏都会以朋友的身份给予学生们意见，帮助大家解决苦恼。

图6 上课结束和学生合影

作为一名从教近20年的师长，她鼓励学生们要学好专业知识，更要学习为人处世之道，不断提升自己的修养，同时保持开放学习的心态，以积极乐观的态度面对生活、面对人生。

作者：赵苹苹 吴小平 何乔 苟灵

原载于2021年9月15日电子科技大学新闻网，有删改

让中国马克思主义成为学子的理论自觉
——记马克思主义学院"中国马克思主义与当代"课程的教学改革探索

怎样引导学生坚定理想信念？怎样帮助学生用马克思主义中国化的最新理论成果武装自己？怎样教会学生用马克思主义的立场、观点、方法认识纷繁复杂的世界？怎样激发学生爱国奉献、科技强国的热情，进而为实现伟大中国梦做出"成电贡献"？……

这是"中国马克思主义与当代"课程组所有老师们的初心梦想，也是马克思主义学院王让新教授（见图1）的初心梦想。王让新说："成电有使命、有情怀，是一所诞生在社会主义怀抱中的大学，成电学子更应该自觉地把人生理想与国家民族命运结合起来！"

图1　王让新教授在学院留影

贯通历史和现实——阐释马克思主义中国化的必然性

"中国马克思主义与当代"课程共有"中国马克思主义与中国道路""习近平新时代中国特色社会主义思想发展的挑战和机遇""全球治理、国家治理：体系与能力""当代社会问题与社会治理""当代文化建设与历史虚无主义""当代科学技术与思维方式"六个专题。

这门课程本学期共有4个教学班(清水河校区3个、沙河校区1个)。为了讲好这门课,课程组配备了强大的师资。其中,王让新教授讲授"中国马克思主义与中国道路"专题,其他专题由吴满意教授、商继政教授、吴晓云教授、叶本乾副教授、欧阳彬副教授讲授。

正所谓"有破有立"。在互联网时代,各种错误思潮众声喧哗。在这种环境下,要讲好"中国马克思主义与中国道路",就不可避免地要有力回击各种错误思潮对中国马克思主义和中国道路的攻讦,让中国马克思主义和中国道路首先在学生的脑海里稳稳地"立起来"。

"马克思主义为什么没有过时?""中国为什么选择马克思主义?""马克思主义为什么必须中国化?"……在回答这些问题时,王让新教授并不是从教材到教材、从理论到理论,而是引导学生从历史和现实两个维度发现其必然性(见图2)。

图2 王让新教授课程"中国马克思主义与当代"

历史是一面镜子。王让新带领学生深入中华民族波澜壮阔的历史长河,尤其是近代中国尝试各种"主义"救亡图存的历史进程,并指出:"马克思主义虽然从国外传入,但它绝不是偶然的选择、强加的选择,而是中国人民自主的选择、历史的必然选择!"

他还解读了中华优秀传统文化与马克思主义在核心价值上的相通性,告诉学生们"共产主义"与"大同世界"在价值观具有相通性,马克思主义的"人类解放"与"平天下"也具有相通性。

他指出,近代以来,中华民族、中国人民是在多种"主义"尝试中最终选择了马克思主义。洋务运动师夷长技失败了!百日维新师夷长制失败了!三民主义全盘照搬西式民主失败了!而马克思主义一经传入中国就表现出巨大的生命力。

但是,这并不意味着有了马列主义就一定会成功。王让新从现实维度,对比近代中国和俄国的不同国情,分析十月革命取得成功以及"本本主义"给中国革命带来惨痛损失的历史事实，充分论证了只有马克思主义中国化即把马克思主义与中国具体实际结合，才能解决中国的问题、改变中国的命运。正是在中国共产党人不断推进和实现马克思主义中国化的过程中，我们才实现了从站起来、富起来到强起来的历史性飞跃。

进入新时代，习近平新时代中国特色社会主义思想运用马克思主义的立场、观点、方法，立足时代之基，回答了时代之问，是马克思主义中国化的最新理论成果。王让新希望学生们学深悟透，将其作为自己"走好新时代长征路的主心骨和定盘星"。

融汇校史和校情——激发成电学子科技报国的使命情怀

由于这门课程面向全校的博士研究生新生，每次开课都有来自各个理工科专业的博士生选课学习。因此，在授课过程中，王让新十分注意结合成电的光辉历史和学科特点，激励学生的科技报国使命和情怀（见图3）。

1956年上半年，全国绝大部分地区基本上完成了对生产资料私有制的社会主义改造，一个崭新的社会主义制度从此在中国建立起来；9月15—27日，党的八大圆满召开，闭幕后第三天，成电就在沙河校区开学了。

"作为成电的学生，学生们更要热爱社会主义，因为成电是直接诞生在社会主义怀抱的一所大学！"王让新常对学生说，64年来，成电的命运与党和国家的命运同频共振，在各个历史时期都得到了党和国家的高度重视和大力支持。

1960年，成电就被列为全国重点高等学校，1961年划归国防部国防科学技术委员会管理，被确定为七所国防工业院校之一。从"211工程"到"985工程"，再到如今的"双一流"建设，成电从未缺席，一直站在中国高等教育发展的第一方阵。2017年，成电进入国家建设"世界一流大学"A类高校行列。

图3 "中国马克思主义与当代"课堂交流与思考

"64年来，成电没有辜负党和国家的信任和期待，始终想国家之所想、急国家之所急，为民族复兴伟业提供了源源不断的智力支持和创新支撑。"王让新希望学生们把成电人的这份使命和情怀代代传承，为国家发展做出新的贡献。

进入新时代，科技竞争更加激烈。王让新结合学校的学科特点指出，当前，第四次科技革命正在如火如荼地展开，而学生们所在的电子信息专业，无不是国家和行业产业的重大战略急需。今天的中国已经从"跟跑"转向"并跑"以及在部分领域的"领跑"阶段，越是进入创新的"无人区"，就越是需要学生们充分挖掘自己的创新潜能，为国家发展贡献自己的智慧。

结合中美战略竞争的现实，他鼓励学生们，没有任何国家、任何人能够阻挡中华民族自主创新的步伐，但正如习近平总书记所说，"关键核心技术是要不来、买不来、讨不来的"，因此，学生们要把压力转化为奋进的动力，把论文写在祖国的大地上。

他和学生们一起学习习近平总书记关于科技创新的重要论述和2020年9月11日习近平总书记在科学家座谈会上的讲话，并详细分享了李四光、钱学森、钱三强、邓稼先等老一辈科学家，以及陈景润、黄大年、南仁东等一大批新中国成立后成长起来的杰出科学家的爱国奉献故事，激励学生们主动肩负起历史重任，把自己的科学追求融入创新发展和全面建成社会主义现代化强国的伟大事业中去。

激发自主和自觉——带着问题意识研究"中国方案"

习近平总书记指出，"要立足时代特点，推进马克思主义时代化，更好运用马克思主义观察时代、解读时代、引领时代，真正搞懂面临的时代课题，深刻把握世界历史的脉络和走向。"

全面把握当代中国与世界的关系，认清世界大势，科学判断社会走向，离不开有力的理论武器、科学的思想方法。而掌握了有力的理论武器、科学的思想方法，就要回归现实，活学活用，寻求"中国方案"，解决实际问题。

该课程的几个专题内容，如"习近平新时代中国特色社会主义思想发展的挑战和机遇""全球治理、国家治理：体系与能力""当代社会问题与社会治理""当代文化建设与历史虚无主义""当代科学技术与思维方式"等，都着力将马克思主义的立场、观点、方法运用到分析当今社会的经济、政治、文化等问题中来。

这样做，既是为了在具体实践中帮助学生深入体会马克思主义的基本原理，也是为了让学生懂得如何把马克思主义基本原理进行具体应用。因此，虽然课程组每位老师在讲授技巧方面都具有自己的特点，但在培养学生的问题意识方面则殊途同归。

问题是时代的声音，每个时代总有属于这个时代的问题。王让新表示，只有树立强烈的问题意识，实事求是地对待问题、科学分析问题、深入研究问题、弄清问题性质、找到症结所在，才能找到引领时代进步的路标，不断有效破解前进中的各种难题，为开创新时代党和国家事业发展新局面做出成电学子的贡献。

讲课时如此，考核时也是如此。该课程考查学生的方法，分为平时成绩和期末成绩两个部分。其中，平时成绩占比为30%，内容是让学生阅读5篇马克思主义经典文献及经典著作，并分别撰写5篇不少于800字的读书笔记，旨在引导学生读原著、学原文、悟原理。期末成绩占比为70%，为开卷考试，所出的题目都是与现实紧密相关的开放性题目，引导学生立足现实、关心现实、回归现实。

"有一种观点把世界乱象归咎于经济全球化。它曾被人们视为'阿里巴巴的山洞'，现在又被不少人看作'潘多拉的盒子'。请问，应该如何辩证分析和看待当代经济全球化发展的新趋势？""如何理解社会治理中国方案的世界意义？""绿水青山就是金山银山。请问你对进一步推进我国生态文明建设有什么思考？"……这一系列开放性的题目，让学生在深入思考的过程中，既加深了对理论的理解，又加强了对现实问题的研究。

光电学院2020级博士研究生田品表示，"这门课具有历史深度和理论厚度，也具有强烈的现实关怀，使我们深刻认识到中国马克思主义的正确性，进一步坚定了中国马克思主义和中国道路的自信，也使我们努力把世情、国情、校情结合起来，进一步坚定了为解决'卡脖子'问题贡献智慧的信心和决心！"

作者：王晓刚　苟灵
原载于2020年10月9日电子科技大学新闻网，有删改

看！这堂开公众号、做科普的思政课

——马克思主义学院"自然辩证法概论"课程的教学改革探索

"资讯发达的信息网络时代，有谁能拒绝淘宝的多彩？又有谁能抗住抖音的诱惑？但在这门课上，我被课堂本身的精彩和老师的个人魅力吸引，压根儿都不想去碰手机。"

"通过这门课程的学习，我不仅学到自然辩证法面上的相关知识，更大的收获是从内在更深层次学会如何去思考以及如何才能更好地思考。"

"通过设计精妙的课堂，我学会了辩证思考、如何正确看待科学技术发展，更学会了如何进行科研选题，这对一个医学研究生来说真的非常重要，我坚信现在所了解到的知识都会在未来派上用场。"

马克思主义学院"自然辩证法概论"课程结束后，电子科大医学院2020级硕士研究生徐敏、李彦蓉和张静仍对课堂念念不忘，感到受益良多。

从觉得学不会到可能不会认真学再到被深深吸引，读者不禁好奇，有什么魔力，让看似枯燥乏味的"自然辩证法概论"课程，令学生们纷纷为之着迷点赞？

"真"情怀、五步走打造金课

"蜜蜂消失之后，世界将会怎样？""自觉地将个人利益与社会利益有机结合起来，我们该如何做？""课程平时考核方式是将学习后的收获以案例方式发表到自创的医学科普公众号上……"

这是研究生精品课程"自然辩证法概论"的活跃课堂，在课程组负责人、郭芙蕊副教授（见图1）看来，精品课程就是要"干实事儿"，将课程建设成学生真心需要，真学、真信、真懂、真用的课程，是她孜孜以求的奋斗目标。

"自然辩证法概论"以马克思主义的理论、观点与方法为指导，考察自然界、科学技术及其社会的相互关系。该课程面向我校理工类全日制硕士研究生开设，通过课程学习，学生将系统了解到马克思主义的自然观、科学技术观、科学技术方法论和科学技术社会论。

如何把这重要的"实事儿"干好，对待教学严谨认真的郭芙蕊一直在用心琢磨，并在实践中致力于"干好""干漂亮"。

在她心中，思政课是落实立德树人的关键课程，研究生教学要实现全方位、全程育人，课程的学习不仅限于课堂的时间，需要通过向课前、课后的双向拓展实现全过程育人；课程的每个环节和计划的实现都需要学生主动、富有热情的参与，通过课程教学，实现对研究生的价值引领，培养负责任的思维习惯，树立科学研究的社会责任感并掌握正确的研究方法。

"每一年给研究生上课，都会觉得自己特别幸运，这学期的精品课程建设中，我遇到了一群极富责任心、有情怀的医生们，那就是电子科技大学医学院2020级硕士研究生。"郭芙蕊感恩与学生的相遇，"成电学子身上求实求真、大气大为的特质，让我要将这份精品化课程的责任承担好，我的计划是通过教学理念、教学内容、教学模式、教学手段和考核评价体系五个方面完成对精品课程的建设"。

图1 郭芙蕊副教授在课堂教授课程"自然辩证法概论"

阅读经典，反思讨论，结合时代

"在这门课上，郭老师总会推荐我们读一些经典著作，从开始的不以为意，到最后希望可以获取老师的全部书单。"这是医学院2020级研究生李彦蓉学习完该课程后的感言。

课程教学内容如何设计才能做到"精品化"？在郭芙蕊看来，根据"自然辩证法概论"课程的性质，"精品化"内容需要通过"经典化""前沿化"和"有机整合"得以体现。

首先，作为马克思主义的重要组成部分，本课程的学习需要通过阅读经典，回归历史场景，分析和理解该课程创立过程中的思维转换及相关知识体系的构建过程，从而体味课程本身的精品特质。

其次，根据科学技术的现实发展状况，将最新的理论研究和相关案例巧妙地融入课程中，带进课堂上，彰显课程的时代性和理论深度。

最后，在本课程学时有限的情况下，需要教师将马克思主义的自然观、科学技术观、科学技术方法论和科学技术社会论等部分的教学内容进行精练式的加工，并在课堂上开展"有设计"的内容讲授，进而潜移默化实现精品化。

这样的精品化教学内容设计，让学生们不再局限于课本上死板而又生硬的概念，总能在经典书籍中获得充足的养分，在前沿的研究中实现以管窥豹，看到透过经典书本绘制的一幅又一幅生动的画面，将看似枯燥的中大班思政课，达成头脑风暴式的交流，上出小班研讨课的活跃（见图2）。

图2 郭芙蕊与学生一起讨论交流

"通过课前阅读经典，学生以团队的形式，课上反思讨论，并结合最先进的科技成果进行理论探讨，课后通过QQ群进行教学内容和科普制作的相关探讨，就会实现从'一对一'拓宽为'多对多'的学生和老师、学生与学生之间的信息传输的变化，达到真学、真会、真懂和真用的最初目的。"郭芙蕊说。

以学为主，以教为辅，变量教学

"课堂就是我们辩证的地方，只要老师抛出一个话题，堂下的学生们就争先恐后地站起来发表自己的观点，这就是自然辩证法的课堂。"医学院2020级研究生汤雪梅这样描述课程的情景。

郭芙蕊认为，"为了增强本课程的教学效果，不仅要加深理论性，更重要的是要营造亲切性，所以计划改变大班教学中'以教为中心'的教学模式，转向'以学为中心'的教学模式就尤其重要了。"

在教学中，"以教为中心"的教学模式决定了学生对知识的获得程度完全取决于教师，而教师的知识素养、教学能力和教学态度又是不同的，可能会导致教师的局限成为一门课程甚至于教育本身的问题，这就是该课程一直以来在大课教中学存在的主要问题之一。而据郭芙蕊分析，"以学为主"可以改善这个问题，因为在"以学为主"的教学模式下，教师的教只是"保底儿"，而学到什么程度、学到多少全由学生自己掌控。

所以，通过将"以教为主"的教学模式转变为"以学为主"，就有机会把"定量式教学"变成"变量式教学"，从而可以使学生自己掌控自己的学习节奏。

课程组在"以学为主"的教学模式下，通过对学生需求进行统计和量化分析，选取经典案例并进行探讨，将较为理论化的内容与学生兴趣及现实案例相结合，再进行适当的引导，使学生的主动性得到充分的发挥。"以学为主"不仅会拓宽与加深他们自身的知识，也能提高他们自主学习的能力。

在这种模式下，学生也加入了授课环节，让课堂不再是老师一人的舞台。

在课前，针对所要讲授的主题，学生参加相关问题的调研，而老师通过分析找到相关知识点的薄弱环节和疑问以及兴趣所在，从而在课程内容的设置上，在保证必要和基础知识的讲解的基础上，回应学生的知识诉求，以建设学生参与度更高的课堂（见图3）。在课中，学生充分发挥参与课堂热情，结合自己的专业和专业领域中的前沿发展成果，开展多专业背景共同探讨同一课程主题的活动，使自己与他人的思维碰撞，产生出思考的火花，以此培育出独立思考能力和批判性思维。在课后，教师要借助网上平台，积极回应学生的疑问，指导学生进行相应课程参考书目的阅读，以及其他有关课程的相应交流。这就是"以学为主，以教为辅"中学生与老师的各司其职。

图3 郭芙蕊在准备课堂教学内容

本课程的精品建设中，对课程考核也做出了精心设计，将成绩设置为总成绩=平时成绩+第一阶段考评+第二阶段考评+第三阶段考评。同时，平时成绩考评的方式也改变一直采用的课程论文的单一方式，按照课下读书、课堂互动、科普文章和学科案例写作等多种不同的方式灵活地展开。这一计划将在精品课程的后续建设中持续推进。

传授知识，立德树人，培养责任

课程学习接近尾声之时，对学生们而言，来自课堂外的最大收获是创立了一个自己的公众号——"成电研究生科学普及"。

在学生们眼中，郭芙蕊的课程作业很特殊，有别于印象中传统政治课要求上网查资料再形成自己观点的"写"为主的作业，郭芙蕊特别重视因材施教，根据医学生的特点，她建议学生以个人或团队方式写一些科普知识或病例分析，并且要发到微信公众号上进行面向公众的科学普及，利用发达的互联网技术，让大众小白增加对医学知识的了解。

其实这正是郭芙蕊为了更好地实现教学效果，鼓励学生主动参与教学改革的探索，引导学生主动、富有热情地参与教学的过程（见图4）。"我认为精品课程的'精品'不仅要有对内维度的个人利益的体现，也需要有对外维度的社会利益的表现。对学生而言，收获知识和考试成绩的'个人利益'无可厚非，但不可以成为单一目标，还需要将其与社会利益相结合。在学生阶段，借助科普实现社会公益将是一件非常有意义的事儿，也是思政课效果的生动体现。在不断探索中想到这点，着实让人兴奋。"郭芙蕊充分发挥思政课的特点，努力在知识传授过程中实现价值引领，促进学生的全面发展。

图4 郭芙蕊在课堂教学

这样的作业让大家积极性高涨，四川省人民医院医师张静也是医学院2020级硕士研究生，她用"让我写出人生中第一篇医学科普的课程"来评价课程学习后的收获。

张静回忆说，当老师提出这个想法的时候大家都特别激动，小伙伴们迅速建立了一个小组，大家都说干就干。"当然过程很艰辛，初稿形成之后郭老师挨个为我们审核，提出意见，甚至为此牺牲了大部分休息时间以及好几个周末。我们的科普经历了一改、二改甚至三改，最后呈现出最浅显易懂、最形象生动的科普文章。"

看到自己一手操盘的科普文章"胆囊结石的形成原因"得以发表在公众号上，医学院2020级硕士研究生杨文昊感到特别开心，不仅是课程上的收获，更是来自用自己的医学知识，帮助更多的普通人了解一些常见病和急救常识感到有意义，"说不定哪天还能派上救命的用场呢！"

每篇稿件都经过多次严格的修改，在确保科学性和可读性的前提下，尽可能用生动、活泼、接地气的方式进行编辑，甚至很多学生当起了画手，自画了很多医学图片，郭芙蕊颇有感触地说，"这种热情和努力的态度，是以往我未曾遇见过的。思政课程的思政效果，绝对不能完全靠老师讲授，更重要的是靠学生去体悟，尤其是在实践中的体悟。我很确信，我的课程上的学生都能够非常完美地达到思政教育的目的。"

"正如郭老师说的，我们正在做的是一件'大事儿'，是社会公益，意义深远。'自然辩证法概论'已经上完，但是大家都甘之如饴，对这门课程有了更深厚的情感，即使课程结束，我们也能一直走下去。也许以后再也上不了郭老师的课，但要有机会的话，我一定会去蹭课的！"张静由衷地表示。

作者：罗莎　田欣凌　苟灵
原载于2020年11月16日电子科技大学新闻网，有删改

把思政课讲到学生心坎里

——记马克思主义学院"中国特色社会主义理论与实践研究"课程的教学改革探索

"不忘初心、牢记使命"主题教育开展以来,研究生思政课"中国特色社会主义理论与实践研究"课程组调研了全校研究生思政课教与学情况,受访学生们纷纷对马克思主义学院董良老师(见图1)点赞,对他表现出了发自内心的喜爱之情。大家这样描述道,"左手插裤子口袋,右手随讲话节奏而舞动,他总是神采奕奕、面带微笑,眼里仿佛有光……"在学生们眼里,他可以把思政课讲得很精彩,也是名副其实的"哲学大佬"。

图1 董良副教授在介绍课程

诚恳教学,用"真"与学生交流

"很关心我们""有点呆萌的帅哥""特别喜欢上董老师的课,很有趣"——董良在学生们之间的口碑很好。董良很少对学生发脾气,在他的课堂上,即使有学生迟到,他也不会过分责怪迟到的学生,会马上招呼他进来上课。"董良老师总是想着,早一分钟来就能多听一分钟的课。"一位来自航空航天学院的学生说。

董良的课堂氛围总是融洽的,有笑声、有提问、有交流、有对话,还有丰富的肢体语言——每每讲到精彩之处,董良就会"手舞足蹈",声音抑扬顿挫,双手随着所讲内容在空中比画:"当你感到幸福的时候你就会觉得,亚里士多德果然说得对啊!"

董良知道,在大学的课程里,专业课程很重要,但思想政治课程也是不可或缺的。但是,要让思政课"进头脑",也不是一件很容易的事情。"思想政治教育相关的课程,学生们从小到大都上着,大学里还要继续。如果只是对着教材照本宣科地上,学生们难免会觉得无趣。"董良说。

董良认为,与学生交流,"真"是最重要的。"人文社科专业教师的价值,就是要用自己的知识、阅历把道理演绎出来,帮助学生读出更多东西。教学不是限制人的自由的活动,是引导的活动,不能强迫学生接受知识,应该告诉他为什么要讲这个。老师应该明白学生想学什么、想要什么。"

"政治都是很有趣的,只是缺少发现,一些学生由于自己思想贫瘠,发现不了政治的丰富内涵,这个时候,老师的正确引导对学生政治素养的形成就显得非常重要了。"

董良说,在课堂上,他很注意两点:第一,不回避某些问题,愿意与学生讨论,并引导他们;第二,绝不填鸭式教学,绝不把观点强加给学生,而是认真地分析问题,找到背后的原因。"只有这样,学生才会真的信服你。"

在和学生讨论"何为政治"这个问题时,董良(见图2)选择先让学生们思考讨论,然后再"抛出"亚里士多德的名言——"政治并不制造人类,然而它使人类脱离了自然,并驾驭他们"。最后,董良因势利导,告诉大家,"政治最重要的就是,当我们所有人不得不生活在一起的时候,我们如何才能生活得更好一点呢?"

"教师这个职业很难得的一个地方就在于,跟学生们形成'真'的交流。同样是通过语言,教学过程与脱口秀不同,脱口秀是取悦,而教学是老师顺着自己的思路,让所有人一起登上一个高峰。课程结束的时候,大家都一起到了峰顶,就像完成使命一样。"董良说,"教师这份职业的特殊性,使我有机会和许多充满活力的灵魂接触,像师生这样人和人之间在思想和语言方面形成的默契是很奇妙的,我愿意听你讲,学生们理解我,我理解学生们。语言是人类最纯真的交流方式,你会发现这种最单纯的相处方式是很珍贵的。"

图2 董良在教室授课

兴趣先行，赤诚之心爱哲学

"没有人不存在缺陷，我们要学会正反两方面思考，达到平衡。"在董良看来，自己的性格和哲学的影响密不可分，"哲学是我们塑造三观的工具，人通常是偏激和狭隘的，哲学却能照出我们自身的缺点和狭隘。"

在董良看来，作为一名教师，尤其是人文社科类课程的教师，自己的言行对学生的影响是非常大的。"为人师表，最重要的还是要有教师的基本素质，师德是很重要的。我平时是一个不爱发火和不爱争吵的人，虽然自己还不能做到完美，但也要尽力朝这个方向努力。"董良说。

"哲学提供思考和观察的平台，让我们和当前的时空拉开距离。在一定距离下审视自己，审视世界，反思自己，了解自己缺点不足。哲学让我们见识与众不同的思维方式，学会心平气和。"

董良说起与哲学的缘分，归于"偶然"——"我在浙江大学读社会学本科的时候，获得一个保研机会。这唯一的保研机会是读哲学，当时我虽然不喜欢，但还是硬着头皮去读了。"

没想到，当董良进入哲学世界以后，竟变得一发不可收拾。"刚开始我对哲学没兴趣，但有了一定积累后想法就不一样了。"在硕博阶段，董良阅读了大量哲学相关的文献，进行长时间的思考，终于发现了哲学的奥妙。"所谓哲学，就是把你从现实中拉出来，让你看到一个非现实的世界是怎么样的，它会为你提供多方面的思考视角，看到事物的多样性。"

董良对哲学的爱，也影响了他的学生。"这学期有节公共政治课，有个学生对我上课的内容非常感兴趣，五六节课的时候听了一遍，七八节课又来，好像没过瘾一样的。"董良说，"很多学生对世界和政治是很希望去了解的，只是没有方向，一旦得到途径，可以说是'如饥似渴'，不愿意错过这个过程中看到和听到的任何一句话。"

"董良老师对哲学非常热爱，因为一个不热爱本学科的人是不能讲出这么生动的课的。他可以把哲学讲得非常透彻，深入浅出地给大家讲明白。"一位自动化工程学院的学生说（见图3）。

图3 董良与学生交流讨论

"人文精神对理工科学生不可或缺"

在董良看来,自己的学生是具有独立思考能力和广阔的视角的。"对他们来说,人文精神是不可或缺的,兼具技术与人文情怀的人才在未来的创新型社会中具有非常大的竞争力。"董良说,"同样,政治也是如此,政治帮助我们了解自己,了解国家,了解世界,了解这个时代。也是通过政治我们知道为什么今天的中国是这样,更知道未来的中国该怎么发展。"

"人文与科技并不矛盾,只是思考对象与方式的不同。"董良鞭辟入里,深入阐述了人文与科技的区别,"科技具有确凿的有效性,提供的是具体的解决方案。而人文更看重过程,近代科学的重大突破改变了人们的生活,使科技具有巨大影响力,但并不意味着人文就失去了价值。"

"科技只能满足人的部分需求,而人文则是对人本身的思考。就好比,科技让我们知道为什么生病,却无法让我们知道如何消化这一事实,但如果我们知道如何理解生命的意义,知道我们不只是为了活着,一切便都可以坦然面对了,这便是人文的魅力。"正如董良所说,人文就如同空气,等失去它时人们才会感觉窒息。

董良说:"一个人在社会上工作,即使没有成功,但他获得了丰富的人生体验。所有的挣扎、低谷、失败,并没有白白经历,这些会使人变得有厚度,不会很脆弱。"

在说这番话时,董良颇有针对性。现在的电子信息行业需要技术人才,也需要行业的领导者。他一直认为,学校的理工科学生们有着很好的知识基础、工具理性、逻辑思维,但是还应该有开阔的视野,在无垠的星空下启迪智慧,有更广阔的心胸,对人生、人性、理想、信念和价值观有更深入的思考。

作为一名教师,董良将帮助学生成长成才看作自己义不容辞责任。"在这个时代,对于国家和时代的理解能帮助我们走得更好更远。"在"中国特色社会主义理论与实践研究"课上,董良时常这样提醒学生们,对于政治理论课程的学习并不是刻板印象的,我们应当通过政治学习来不断认识自己、认识国家、认识时代,更好地把个人发展融入时代发展过程中。

作者:卿晗 张羽扬 林思雨 苟灵
原载于2019年12月11日电子科技大学新闻网,有删改

越是"众声喧哗",越要唱响"主旋律"
——记马克思主义学院"中国社会思潮研究"课程的教学改革探索

马克思说:"哲学家们只是用不同的方式解释世界,而问题在于改变世界。"但对于许多人来说,要认识世界、解释世界都困难重重,更何况要"改造世界"!尤其是在"众声喧哗"的网络时代,人们对任何一件事情都可能仁者见仁、智者见智,众说纷纭、莫衷一是,甚至是泥沙俱下、混淆视听。

作为身处其中的"网络原住民",当代大学生如何能够明辨是非、洞悉本质?马克思主义学院副院长商继政教授(见图1)表示:"我们要让学生们掌握马克思主义的立场、观点、方法,掌握认识世界和改造世界的理论武器!"

图1　商继政教授在学院留影

思潮激荡:乱花渐欲迷人眼

社会思潮是在特定的历史背景下,为了表达或实现某种价值诉求,而形成的具有相应理论基础和相当社会影响力的思想倾向和趋势。它虽然不是主流意识形态,但具有鲜明的意识形态特征，有明确的价值诉求；虽然不是严格意义上的学术流派，但具有充分的学理支撑，有明确的理论主张。

当今中国的社会思潮主要有新自由主义、民主社会主义、文化保守主义、民族主义、历史虚无主义、新左派、新威权主义等。商继政指出，"随着改革开放的深入发展和国际化程度不断加深，我国社会的意识形态日趋多样化，而且国内外思潮相互激荡，对国家和社会的稳定和发展产生了巨大影响。"

一方面，改革开放后，中国社会逐渐分化，利益冲突多发，社会矛盾凸显，社会意识更加多元。另一方面，在全球化的大背景下，世界各种社会思潮在中国的传播越来越迅速，影响越来越强烈。

习近平总书记在2016年哲学社会科学工作座谈会上指出："面对社会思想观念和价值取向日趋活跃、主流和非主流同时并存、社会思潮纷纭激荡的新形势，如何巩固马克思主义在意识形态领域的指导地位，培育和践行社会主义核心价值观，巩固全党全国各族人民团结奋斗的共同思想基础，迫切需要哲学社会科学更好发挥作用。"

每一种思潮对同一个现实问题都有不同立场、不同角度的理论解释和现实诉求，让青年学生眼花缭乱、难以辨别。"中国社会思潮研究"课程面向马克思主义学院硕士生和博士生开设，正是要用马克思主义引领学生"拨云见日"，认识到诸种思潮的本质。

这门课程立足于全球化语境，力图高屋建瓴地把握时代特质，在对社会思潮的基本理论进行深入研究的基础上，着重对以上诸种思潮进行系统阐述，运用马克思主义的立场、观点和方法分析其产生的原因、主要主张、政治诉求、传播渠道和社会影响。

商继政指出，"讲好这门课程，对于提高青年学生的政治洞察力和政治鉴别力，在全社会形成思想共识，巩固马克思主义在意识形态领域的指导地位，推进中国特色社会主义事业，具有重要的理论和现实意义。"

讲清讲透：梳理源流究根本

几乎每一种社会思潮，都是在批判现实的过程中产生的，具有一定的"现实基础"。即便这些思潮有很多错误观点，但几乎都能在社会上俘获诸多的"信众"或"粉丝"。而且，在互联网时代，要回避主旋律之外的各种思潮几乎是不可能的，也是不可取的。

商继政一直反对"自顾自"地讲主旋律，也反对"空对空"地开展思政教育。所谓"自顾自"，就是只讲主旋律而回避其他思潮；所谓"空对空"，就是只讲理论而不关照现实。他认为，不仅要讲各种思潮，而且要寻根溯源讲清来龙去脉，联系实际剖析错误局限。

习近平总书记在全国高校思想政治工作会议上指出，要"提升思想政治教育亲和力和针对性，满足学生成长发展需求和期待"。

商继政指出，"回避其他思潮，无异于掩耳盗铃，客观上会疏远学生。今天的学生可以接触到各种思潮，关键不在于回避什么，而在于老师能否引导学生充分认识各种思潮的不足，并自觉地产生对错误思潮的免疫力！"

商继政讲每一种社会思潮，都会分为三个部分：其一是这种思潮的历史流变，其二是这种思潮在当代中国的表现，其三是对这种思潮的马克思主义评析。其中，对一种社会思潮的历史流变和在当代中国的表现，是商继政要讲授的重点，他说："如果不讲清楚来龙去脉，就没有办法认清楚这种思潮到底怎么回事。"

自20世纪80年代，新自由主义由西方传入中国以来，经过多年演变发展，如今已不再是仅停留在口头、书面上的理论学说或社会思潮，而是渐渐成为一些人头脑中根深蒂固的思想观念。

如何让学生明白新自由主义的来龙去脉呢？商继政在课程中，首先"溯源而上"，追溯至古希腊时期的"自由主义"中的"个人主义"哲学种子，然后"顺流而下"，综述了"自由主义"在萌芽、奠基、形成、发展、完善、衰落各个阶段的代表性思想家的观点，并介绍了马克思主义对古典自由主义的深刻批判。

铺垫过后，他才进入"新自由主义"话题，介绍了"新自由主义"在20世纪30年代兴起的社会历史背景。在纵向对比"新自由主义"与"自由主义"的异同时，商继政（见图2）还横向对比了同时期的"新自由主义"和"凯恩斯主义"的观点分歧，并全景呈现了"新自由主义"在20世纪八九十年代向全球蔓延、向中国传播以及造成的后果。

图2 商继政（左二）与学生记者团韩孟涛（左一）、鞠昀（右二）、许莹莹（右一）合影

有破有立：调动学生主动性

梳理社会思潮的来龙去脉，并不是为了给这种思潮"布道"和"张目"，而是为了更好地认识其本质并实现彻底的批判。商继政指出，"在对诸种社会思潮的彻底批判中确立马克思主义的理论地位，会更加牢固、更加令人信服、更加入脑入心！"

然而，批判是最难的一个环节。难点并不在于老师如何用马克思主义的立场、观点、方法去批判诸种社会思潮，而在于，如何让学生掌握马克思主义的立场、观点、方法去批判诸种社会思潮。因此，老师并不宜把马克思主义的现成观点"灌输"给学生，而是应该引导学生以马克思主义为方法论，自己剖析诸种思潮，自己得出科学结论。

为此，在理论评析环节，商继政往往只做总体评析，把具体评析的任务交给学生来完成。例如，在评述"新自由主义"时，他会引导学生思考十八届三中全会的《决定》中关于"处理好政府和市场的关系"的表述为什么要强调"使市场在资源配置中起决定性作用和更好发挥政府作用"，而不是像"新自由主义"那样把"市场"和"政府"割裂开来。

在具体的评析中，他会引导学生进一步思考"即便是在典型的资本主义国家，又有哪个国家做到了新自由主义所标榜的绝对意义上的自由放任政策？"他说，"这些资料都是很容易查到的，让学生查清楚美国政府做了什么，而不是说了什么，这比生硬的说教要好得多！"

"市场与政府的关系"问题，只是细化讨论的冰山一角。在课堂上，他们还会深入讨论公有制与私有制的效率问题等热点问题和现实问题。去年上课时，他让一部分学生去查找梳理推崇私有制的学者的观点，让另一部分学生针锋相对，从马克思主义政治经济学的角度去研究所有制，然后让学生在课堂上辩论。

考虑到学生的辨别力可能有限，立场并不坚定，因此，他会提醒学生，"同学们上网时千万不要固定地只上某一个或一类网站，大家要兼听则明，学会对比分析。"

他还提醒学生，在分析一种思潮的时候，要全面客观。因为有的思潮虽然"开出的药方是错的，但他们诊断的病症可能是真实存在的"。因此，在批判的时候，我们还要学会"倾听"。

回顾多年来与青年学生接触的感受，商继政（见图3）说，"我对青年学生很有信心！他们是在改革开放的普惠下成长起来的，是在中华民族伟大复兴的征程中成长起来的，他们能够平视西方，并天然地具有'四个自信'的坚实基础，只要对他们正确引导，他们一定能够成为勇担使命的时代新人！"

图3 商继政在介绍课程

作者：韩孟涛 许莹莹 鞠昀 王晓刚 苟灵
原载于2021年1月12日电子科技大学新闻网，有删改

把"学习"变"研究",让"学生"当"学者"
——记通信抗干扰技术国家级重点实验室"先进计算机网络技术"课程的教学改革探索

以"先进计算机网络技术"课程为载体,基于项目开展人才培养,让研究生在学习了解通信网络领域前沿问题的过程中顺利实现从"学习"到"研究"、从"学生"到"学者"的转变,是通信抗干扰技术国家级重点实验室冯钢教授一直以来对学生的殷切期望。

在多年的探索和实践中,冯钢教授在这门课程中坚持把科研与教学紧密结合,努力调动学生的主动性、增强学生的代入感,鼓励学生多听、多想、多问、多做,独立思考、深入探索,做到真正的学中做、做中学,取得了良好效果(见图1)。

图1 冯钢教授与学生一起讨论

兼收并蓄:瞄准国际前沿,扎根中国大地

2000年至2007年,冯钢在新加坡南洋理工大学电子电气工程学院任教,那时他就注意到,国外许多高水平大学在通信和计算机相关专业的研究生教育中,都开设了类似

"Selected Topics in Computer Networks"（计算机网络中的选定主题）的硕士和博士研究生课程，作为通信网络领域研究生的进阶课程。

2007年，冯钢回到母校电子科技大学，在通信抗干扰技术国家级重点实验室从事教学与科研工作并指导研究生。受到国外大学课程设计的启发，他为研究生开设了"先进计算机网络技术"课程。当然，他并不是全盘照搬国外的课程内容，而是在充分借鉴国外经验的基础上对课程内容进行了重构。

之所以要重构，是因为：一方面，电子科技大学的学生虽然对计算机网络的基本概念、功能和结构有所了解，但掌握的专业知识的深度和广度与国际著名大学的学生相比仍存在差距。另一方面，国外开设的"Selected Topics in Computer Networks"课程，侧重于前沿性和专题性，缺乏系统性，这就使研究生在学习中无法循序渐进地实现从基础概念到前沿研究的过渡，因而面临许多学习困难。

正因如此，冯钢根据学生的实际情况，在这门课程的设计中兼顾了两个方面，打通了从本科已修课程到前沿研究的桥梁，让学生能够在了解计算机网络的基本概念和功能的基础上，逐步深入了解流量控制、QoS保障（见图2）、新一代协议、建模与性能分析方法等现有计算机网络架构中的先进技术。

> 对A-type QoS流，所有的需要的QoS文档（即QoS参数）或者在PDU会话建立时，或者在PDU会话的用户面激活时，通过N2接口发送到RAN，无需额外的QoS信令。
> 对B-type QoS流，所有需要的QoS文档（即QoS属性和QoS参数）通过N2、N7和N11接口发送到RAN。B-type QoS流可以在PDU会话中通过信令动态的增加和移除。

图2 网络保障QoS机制在5G网络中的实现

去粗取精：持续精心打磨，形成精品内容

在冯钢和秦爽副教授的共同努力下，经过多年的探索实践、总结提炼，"先进计算机网络技术"课程结合课程组在无线通信和网络领域承担和参与的重要国家科研项目的相关经验，将科研需要和教学相结合，在讲授专业基础知识的同时引导学生进行科研实践，逐

步形成了内容体系,具体包括如下内容。

——互联网架构和服务模型。包括互联网流量工程(覆盖网络、对等网络、IP over ATM、SONET 和 WDM);网络流量工程框架;互联网 QoS 架构(IntServ 和 DiffSer);

——用户服务和源流量模型。包括数据服务和流量模型(Possion 模型、饱和流量模型)、语音 IP(马尔可夫调制的泊松过程、自相似流量的流量建模等)。

——网络资源管理。包括经济原则(基于效用函数的优化模型)、流量类型(现有流量管理中的问题)、呼叫接纳控制等。其中包含一个研究个案,即移动蜂房网中的接纳控制与上下行带宽动态调整。

——网络流量控制。包括分组调度的公平性、边界性能,以及尽力而为的服务与保障和算法;拥塞控制(端到端机制和路由辅助机制,缓存管理和主动队列管理)、多播拥塞控制等。其中包含两个研究个案,分别是其中包括一个研究个案,即 rate-guaranteed opportunistic scheduling(ROS)和无线网络中的 TCP 性能增强机制。

——移动 SDN 与移动云计算。包括网络虚拟化、云计算架构及原理、移动虚拟化及云计算(移动 SDN 网络架构、虚拟网络嵌入、接入云、本地微云、移动内容分发等)。

——智能网络资源管控。包括智能网络架构与机理、面向深度学习方法的网络和用户行为的智能预测和分析、无线网络中的 MDP 建模与智能决策算法(如 Q 学习、AC 算法、深度 Q 学习等)、智能用户接入和切换、智能网络资源调配机制等。

基于项目:科研融入教学,项目化为案例

在课程的内容设置上,冯钢十分注重科研育人,把课堂教学与科研项目紧密结合起来,梳理了自己参加科研项目的心得体会,凝练出较多的前沿问题及研究个案,作为通信及网络领域研究生特别是博士研究生研究能力拓展提高的进阶课程。

这样做的好处不仅在于架起了"网络领域基础知识"与"网络领域研究"的桥梁,帮助学生更好地了解研究工作的基本概念、网络领域研究工作的基本方法、主要数学工具和建模手段,而且能够让学生自然而然地把自己的智慧和热情融入当前所做的项目当中,融入国家重大战略需求中来。

据介绍,近年来冯钢参与了多个国家重点重大课题,特别是在移动网络通信领域,从 4G 相关的科技重大专项到 6G 相关的国家重点研发项目,都深度参与其中,并承担和参与了以国家自然科学基金重点项目、面上项目为代表的多个通信网络领域基础性前沿性研究课题,对通信及网络领域的先进技术和前沿热点有广泛研究和深入了解。

在教学中,冯钢从实际通信系统中可能面临的问题出发,通过分析案例对建模的需求以及数学建模对案例的解决,开展数学建模概念、原理和方法的教学,使学生掌握现代通信网络涉及的主要数学建模理论和方法,熟悉通信网络建模和性能评估的体系与步骤,具备恰当运用数学方法解决通信工程的理论问题的能力。

例如，冯钢根据国家科技重点研发计划项目"6G网络架构及关键技术"的研究经验，针对网络中多样化业务共存的特点，增加了5G网络中QoS保障机制等章节内容，讲解网络中的差异化业务服务机制，并针对未来网络与人工智能深度结合的特征，在课程中增加了无线智能网络的相关教学内容（见图3）。

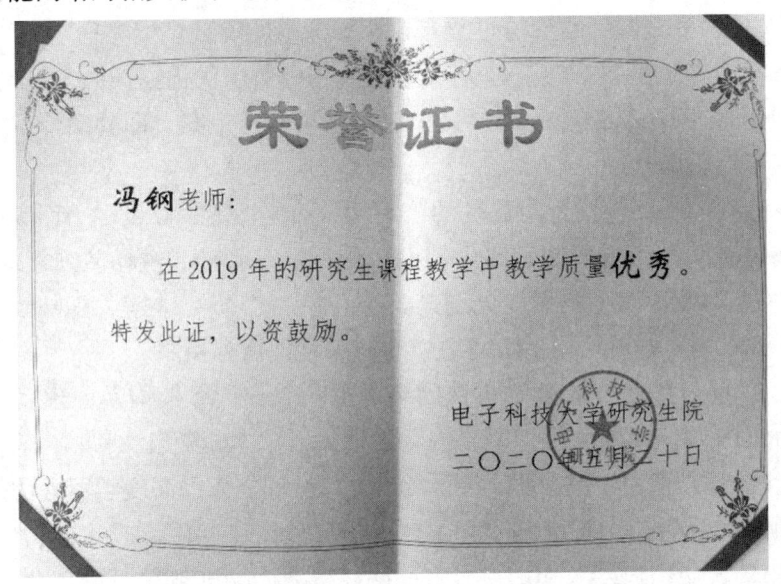

图3　2020年5月，冯钢教授荣获学校研究生教学质量优秀奖

课堂改革：学生变成学者，痛点变成亮点

教学的效果取决于"教"和"学"的辩证关系，从来不是"剃头挑子一头热"的"一厢情愿"。如何让学生真正理解计算机网络重要技术的概念和原理，在此基础上提升思维能力和创新能力，是教学的难点和痛点。

冯钢表示，这门课程的一个难点是，由于研究个案较多，学生需要在课外查阅较多的资料并完成课程的项目设计，这就需要学生做更多的独立思考，更深入地经历研究的整个过程，这对研一的学生而言是一个全新体验，也是较大的挑战。

如何解决"教师授课缺乏新意、学生听课缺乏兴趣、导师感觉缺乏价值"的问题呢？冯钢的答案是：

——要把所讲的内容与学生实际生活中经常接触和使用的网络应用相结合，让学生有代入感和参与感，深入思考一些平常习惯的网络应用背后的本质原理。

——要以当前网络、通信研究领域的热点研究问题为例进行讲解，帮助学生建立所学知识点和科研工作之间的联系。

——在课程项目研究中，要深度参与到学生的选题、问题定义、建模及问题解决的过程，引导学生结合课堂所学理解研究工作的基本要素、过程及方法手段。

在课程报告的设计和选题过程中，冯钢常鼓励学生从自己专业方向着手和思考，结合这门课程学到的知识去定义和解决自己研究方向相关的问题。他鼓励学生多和自己的导师讨论和沟通，把课题所学知识和自己的科研工作有机结合，做到真正的学有所用。

冯钢表示："虽然选课的学生来自不同的实验室，各自的研究方向有所区别，但信息通信领域很多问题具有内在联系，特别是在模型和数学方法的应用上有共通之处。所以，要引导和鼓励学生主动思考、学以致用。"

立德树人：心怀国之大者，面向重大需求

2018年4月，习近平总书记在全国网络安全和信息化工作会议上强调，信息化为中华民族带来了千载难逢的机遇。我们必须敏锐抓住信息化发展的历史机遇，加强网上正面宣传，维护网络安全，推动信息领域核心技术突破，发挥信息化对经济社会发展的引领作用，加强网信领域军民融合，主动参与网络空间国际治理进程，自主创新推进网络强国建设，为决胜全面建成小康社会、夺取新时代中国特色社会主义伟大胜利、实现中华民族伟大复兴的中国梦作出新的贡献。

立德树人始终是通信抗干扰技术国家级重点实验室的根本任务，也是每一位老师的职责使命。冯钢认为，在专业课程教学中融入思政教育很有必要，也很重要。我们培养学生，就是要把理想信念教育、科技报国精神等融入学生的世界观、价值观和人生观，鼓励学生勇于担当、为国奉献。

在课堂上，冯钢在讲到计算机网络技术发展历史和案例时，会和学生一起回顾我国在计算机网络技术这一关键领域是如何从落后于人到锲而不舍地追赶对手，到如今在这一领域达到世界先进水平，并在多个方向达到世界领先的，从而使学生深刻体会到我国科学家和广大科技工作者不畏困难、兢兢业业、开拓进取的精神，增强学生对我国信息科技和产业的归属感、荣誉感，激发年轻学子脚踏实地、仰望星空，勇于担当、不懈奋斗。

冯钢说："电子科技大学作为国内信息通信领域的排头兵，从诞生那天起就是一所有使命、有情怀的大学。我相信，学生们来到电子科技大学读研，都怀着一颗科技报国的心。因此，我们要努力引导学生坚定信念、学会思考、掌握方法，将来为国家做出更大的贡献！"

桃李芬芳：学生成长成才，老师甘为人梯

通过一门课程，能否助力"学生"变成"学者"？冯钢表示，"从往届学生的表现来看，大部分学生的学习效果都达到或超过了我的期望。通过一学期的学习和思考，学生们基本具备了科研思维和素质，了解了怎么去定义、建模、分析和解决问题。"

学生提交的课程研究报告很好地把所学的模型和方法与自己所研究的课题方向相结合，得到了一些有创新性的研究结果，为进一步的研究和他们的研究生学位论文工作打下

了一个很好的研究基础。

2015级研究生姜微在硕士期间选修了这门课程，被课程相关内容吸引，决定转入冯钢教授团队攻读博士学位，并在这门课程相关内容学习的启发下，设计了一种最优的内容传输策略来决定传送用户所请求的内容的源节点以达到用户总的下载速度最大的目的，在领域顶级期刊 IEEE Transactions on Mobile Computing（《移动信息处理技术汇刊》）上发表了题为 Optimal cooperative content caching and delivery policy for heterogeneous cellular networks（《异构蜂窝网络的最佳协作内容缓存和交付策略》）的论文，该论文在 Web of Science（科学网）核心合集中的"被引频次"高达103。

通过这门课程的学习，姜微具备了恰当运用数学方法解决通信工程的理论问题的能力，为他今后的科研之路打下了坚实的基础。在后续的科研工作中，他熟练运用课程中所学到的知识，发表SCI期刊论文7篇，国际A类会议论文5篇，授权国家发明专利3项，其中以第一作者或唯一通信作者发表SCI期刊论文4篇，国际A类会议论文2篇。相关研究成果已经发表在 IEEE Transactions on Wireless Communications（《无线通信汇刊》）和 IEEE Transactions on Mobile Computing 等国际知名期刊上。

2016级博士生曹蔚（见图4）在硕士期间就选修该门课程，受到冯钢的影响和启发，对现代通信网络里的业务流控制机制、数学建模方法、问题求解步骤等产生浓厚兴趣，决定转换自己的研究方向，师从冯钢教授攻读博士。她坚持通信网络领域重大基础问题的研究，取得了一系列突破，在通信领域国际顶级期刊和国际旗舰会议发表14篇论文，有关海量接入信道容量限的研究成果被著名科学家 Vincent Poor（文森特）教授在旗舰会议 ICC 2019开幕式大会报告中介绍，引起了学界的广泛关注。2019年，曹蔚荣获"成电杰出研究生"称号。

图4　曹蔚在信息论旗舰会议ISIT上介绍自己的研究成果